GESTIÓN DEL RIESGO Y DEL DINERO EN EL TRADING DIARIO Y EL SWING TRADING

GUÍA COMPLETA SOBRE CÓMO MAXIMIZAR TUS GANANCIAS Y MINIMIZAR LOS RIESGOS EN LA COMERCIALIZACIÓN DE DIVISAS, FUTUROS Y ACCIONES

WIELAND ARLT

TORERO TRADERS SCHOOL

GET READY FOR THE BULL

ISBN: 978-3-910310-01-8 (paperback)
ISBN: 978-3-910310-00-1 (ebook)

www.torero-traders-school.com

Índice

Capítulo 4: Gestión del Riesgo y del Dinero en la Práctica...... 91

PARTE 2:
DE SER UN PROFESIONAL A CONVERTIRSE EN UN GRAN TRADER

Capítulo 5: Gestión del Riesgo y del Dinero al Cuadrado 105

Capítulo 6: Gestión del Riesgo y del Dinero 142

**Capítulo 7: ¡El Éxito se Puede Planificar en
Pequeños Pasos Hacia la Gran Meta!....................................190**

Introducción

¡Felicitaciones! Al comenzar a leer las primeras líneas de este libro, ¡ya te has vinculado al círculo de inversionistas que se dedican profesional y conscientemente a la inversión y al trading![1]

Ahora bien, ¿Qué vas a necesitar para tener éxito en el mundo del trading y de las inversiones? Ante todo, vas a requerir una estrategia sólida, con la que puedas tener acceso a oportunidades de inversión que sean rentables. También, parte esencial de tu éxito consistirá por supuesto en elegir el instrumento de inversión adecuado. Esto te lo digo, ya que por nombrar solo algunas de las opciones, podrías invertir en acciones, en fondos de inversión cotizados, llamados también ETFs, en divisas[2], o en contratos a futuro[3]. Sin embargo, en cualquiera de estos casos el componente fundamental para que tu inversión sea exitosa seguirá siendo siempre el manejar de forma consciente el riesgo que estás corriendo, y en administrar inteligentemente el

---

1   En español es corriente usar la palabra inglesa "trading", para referirse a la comercialización de instrumentos financieros. También se les llama comúnmente "traders", a quien comercializan estos instrumentos, y "trades" a las negociaciones que llevan a cabo (N. del T.)

2   En el mercado de *divisas* o forex (abreviatura de foreign exchange) se negocian monedas de diferentes países, y se gana (o se pierde) dinero cuando una de ellas monedas cambia su valor con respecto a la otra (N. del T.)

3   Un contrato a futuro es aquel donde las partes se obligan a comprar o vender algo en una fecha futura, a un precio previamente acordado (N. del T.)

capital que estás destinando a estas inversiones. ¡Estas dos son las condiciones para el inversionista o trader profesional que quiera operar en los mercados financieros!

Por otra parte, aunque la gestión del riesgo sea considerada hoy como crítica cuando se trata de inversiones o de trading, y todos los inversionistas y traders estén en teoría familiarizados con estos temas, desafortunadamente en la práctica hay una gran diferencia entre saber que existe esta situación y entenderla y saber aplicarla. Cuando vemos los resultados que obtienen muchos traders, nos damos cuenta de que hay una gran diferencia entre el conocimiento teórico sobre el riesgo y el uso práctico de este conocimiento. Por esta razón, la primera parte del libro se dedicará al manejo profesional del riesgo, y al desarrollo de una actitud positiva hacia los riesgos de inversión.

Luego que tratemos en detalle lo que se refiere al manejo profesional de las pérdidas, trataremos en el siguiente paso el manejo profesional de las ganancias. Tanto el manejo de las pérdidas como de las ganancias son claves para el éxito de un trader. Talvez en el pasado fue suficiente limitarse solamente a cuidarse de las pérdidas, es decir a manejar el riesgo, pero en el trading de hoy en día es igualmente crucial el considerar también el manejo de las ganancias. ¿Por qué? Por un lado, los mercados financieros se han convertido en muy volátiles, y fácilmente pueden pasar de un momento a otro de un gran máximo a un gran mínimo. Algunas veces puedes ver una ganancia en libros, y al minuto siguiente te llega una pérdida que borra toda tu ganancia inicial. Por otro lado, muchas veces no es nada más cuestión de volatilidad. Aunque lo habitual es que al cabo de cierto tiempo las acciones suban de precio, esto no ocurre necesariamente con todas las acciones. Hay empresas que desaparecen del mercado al cabo de algunos años, al igual que sus acciones, borrando en esta forma de un todo las ganancias que, en un momento dado, los inversionistas podrían haber tenido en sus cuentas.

La primera parte del libro concluye con reflexiones sobre lo que constituye el manejo consciente de las ganancias, y en general el manejo profesional del dinero.

En la segunda parte del libro añadiremos algunos elementos que son muy importantes para el manejo del riesgo y del dinero, y profundizaremos más sobre estos temas. Además, para tener éxito como trader o como inversionista a largo plazo es indispensable que la persona encuentre el estilo de trading y la estrategia que le resulten más apropiados a su manera de ser, y que los aplique conscientemente. También, tanto para hacer trading como en general para cualquier otra inversión, hay un número casi ilimitado de opciones y de estrategias que se pueden aplicar. Lo que todas tienen en común es que hay herramientas para medir los resultados que se obtienen, que nos indican no solamente las ganancias o pérdidas obtenidas, sino que también nos aportan luces sobre si ha sido o no conveniente el enfoque que hemos elegido, o la estrategia que hemos aplicado.

Comparemos por ejemplo el caso de estos dos inversionistas. Uno de ellos obtiene ganancias considerables con la estrategia que está siguiendo, pero se retira del mercado antes de tiempo. El otro, usando la misma o similar estrategia, controla el riesgo individual de una sola posición[4], pero asume un riesgo global demasiado alto pues piensa que no está obteniendo suficientes ganancias. En teoría ambos están siguiendo la misma estrategia, pero si fuéramos a evaluar su desempeño, tendríamos que tener en cuenta sus diferencias de enfoque y de gestión.

Esto nos lleva a plantearnos una pregunta esencial y elemental para quienes somos traders o inversionistas activos: ¿Cuáles son los mecanismos que debemos utilizar para que la estrategia que empleemos para invertir esté en consonancia con el capital que queremos emplear y con nuestra experiencia, y para que obtengamos

---

4   En el mercado de valores se llama una *posición* a la cantidad que una persona posee de una cierta acción, mercancía o divisa. Se dice que un inversionista toma o entra a una *posición* cuando invierte en alguno de estos instrumentos (N. del T.)

los resultados que esperamos y así cumplir con nuestros objetivos a largo plazo?

La respuesta a este interrogante nos lleva directamente a preguntarnos cuáles son las bases para decidir sobre el riesgo que queremos correr, y en general sobre cómo administrar nuestro dinero. Ya que, por una parte, queremos en efecto limitar nuestros riesgos en forma efectiva, pero al mismo tiempo queremos lograr los mejores resultados posibles de nuestras inversiones, aprovechando así las oportunidades comerciales que se nos presenten.

Para esto, en el libro te describiremos una „Matriz de Administración del Dinero", que será la herramienta con la que podrás mejorar a largo plazo los resultados de tus operaciones. Esta matriz te mostrará los elementos profesionales, tanto de riesgo como de administración del dinero, con los cuales podrás ajustar tus inversiones a tus necesidades.

Al llegar a este punto, incluso quienes sean ya traders experimentados, podrán encontrar nuevos enfoques y conocimientos, con los cuales podrán mejorar sus resultados.

Veremos también cómo es posible reducir poco a poco los riesgos que estás corriendo con tus inversiones, y mejorar de este modo el manejo de tu dinero y por consiguiente tus resultados generales, ya que habrás aprendido a proteger las ganancias que en un momento dado hayas obtenido. Cómo parte de este enfoque, discutiremos, paso a paso, cuándo debes entrar y cuándo salirte de una inversión o posición determinada.

También veremos cómo podrías mejorar los resultados de tus operaciones combinando diferentes plazos (diario, semanal o a largo plazo), así como aumentando gradualmente una posición existente. También formará parte de este libro el revisar cómo proceder en cada caso, teniendo en cuenta la Matriz de Administración del Dinero y cómo cada decisión que tomes puede afectar tus resultados generales.

Igualmente, para que puedas comprender en forma directa e inmediata cómo aplicar en la práctica las ideas y enfoques del libro, te explicaremos cómo se aplican a tres tamaños diferentes de cuentas, y sacaremos las conclusiones prácticas adecuadas. Y en nuestros ejemplos no solamente utilizaremos diferentes estilos de trading, sino también diferentes productos financieros.

En el libro también le daremos un vistazo, entre bastidores, a tu relación con el trading en general, ya que al fin y al cabo tú eres el trader, y eres quien finalmente debes decidir cómo vas a operar.

¿Por qué hacer esto? Porque al fin y al cabo eres tú quien va a tomar las decisiones de inversión y de trading. Por esto es fundamental que tus decisiones estén basadas en tus propias convicciones y en tus posibilidades personales. Solo entonces podrás ponerlas en práctica de manera consistente y decidida. Y para que entiendas cuáles son estos requisitos personales previos, varias veces en el libro se te pedirá que analices detenidamente cuáles son tus requisitos personales.

Así que, empecemos ahora y ¡definamos los elementos básicos de tu futuro éxito personal como trader!

1
PARTE

¿Cómo Convertirse en un Trader Profesional?

CAPÍTULO 1:
La Clave para el Éxito en el Trading

Primero que todo, la condición básica para tener éxito a largo plazo con tus inversiones en el trading es partir de una base financiera sana. Este es un principio fundamental. Igualmente, por supuesto, además de tener una base financiera sana al comenzar tus operaciones, también debes mantenerla permanentemente. Sin una buena base financiera, no hay trading. Es así de simple. ¿Verdad?

¿Qué Tiene Que Ver el Manejo del Riesgo y del Dinero con Tu Éxito en el Trading?

Aunque, por supuesto, es evidente que para invertir necesitamos disponer de un capital, debemos elaborar un poco más este punto.

Lo primero que debemos responder es hasta qué punto el estudiar el manejo del riesgo y del dinero pueden ayudarnos a mantener y ampliar nuestra base financiera. Y la segunda pregunta es si consideramos que hay diferencias entre manejar nuestros riesgos y manejar nuestro dinero, y en ese caso cuál es esa diferencia. A menudo no se distingue entre ambos conceptos y se agrupan bajo la misma premisa de que: Manejar el dinero quiere decir limitar las pérdidas.

En este punto tiene sentido que separemos los dos términos y consideremos por separado el limitar los riesgos y el manejar nuestro dinero. Más adelante en el curso del libro podremos de nuevo tratarlos en conjunto.

Para distinguir ambos términos, digamos que de ordinario se considera que la gestión del riesgo consiste en planificar un negocio o una posición de inversión teniendo en cuenta los riesgos que se están corriendo. Para dar un ejemplo, no se trata solamente de „poner todos los huevos en una sola canasta", sino que más bien, cuando planificamos una operación, debemos sopesar cuidadosamente cuánto queremos invertir y en qué. Para decirlo con una palabra clave que ya hemos usado: Se trata de limitar las pérdidas y en esta forma seguir teniendo nuestra base financiera.

Cuando, en cambio, estamos tratando de cómo administrar nuestro dinero, lo que generalmente estamos haciendo es decidir dónde colocar nuestro capital y a la vez planificar nuestras operaciones para aumentar en forma continua nuestra base financiera. Si logramos manejar correctamente nuestro dinero, podremos planificar y controlar por anticipado nuestro éxito en los mercados financieros. ¡Te sorprenderás con las posibilidades que te esperan!

La relación que hay entre el manejo del riesgo y el manejo del dinero responde a la pregunta de cuánta ganancia podrías lograr con una determinada inversión y al mismo tiempo si estas ganancias justifican el riesgo de pérdida potencial que estás corriendo. Más adelante discutiremos este punto en detalle, y de esta manera podremos decidir si una inversión en particular tiene sentido, y en caso tal hasta qué punto lo tiene.

Para ver más de cerca la gestión de riesgos, volvamos atrás y démosle un vistazo al panorama general. Vayamos a los principios generales que gobiernan nuestras inversiones. ¿Qué quiere decir "invertir"? ¿Por qué invertimos? ¿Qué esperamos obtener cuando invertimos?

Siempre que estemos pensando en invertir, lo primero que tal vez nos debemos preguntar es qué queremos obtener con esa inversión. Ciertamente no vas a invertir excepto que estés pensando obtener algo a cambio ¿verdad? En la misma forma te estás dando cuenta de que al invertir estás corriendo el riesgo que acompaña a todas las inversiones. Igual que todo en la vida: Donde hay una oportunidad, generalmente también hay un riesgo.

Tengamos la seguridad de que cuando invertimos, automáticamente también nos estamos arriesgando. ¿Por qué? Porque no podemos predecir el futuro ni sabemos qué va a pasar con nuestra inversión. Invertimos el dinero que tenemos y esperamos. Eso es todo lo que podemos hacer, esperar que nuestra inversión sea rentable.

¿Te das cuenta? Y, por cierto, no solo estamos hablando de mercados financieros o de trading, ni siquiera de inversiones. Estamos hablando en general de cualquier inversión. Esto puede ocurrir en todos los casos posibles y ni siquiera tiene que tratarse de dinero. Si le ayudas a un buen amigo a mudarse de casa o a limpiar su sótano, estás haciendo una inversión… en su amistad. Y esperas por supuesto que este amigo te ayude cuando vayas a mudarte o cuando necesites ayuda para armar un mueble. Esto que esperas será, por así decirlo, el rendimiento de tu inversión; la certeza de que puedes confiar en la otra persona. Pero esto ya es otro tema. El punto que nos ocupa es que, en última instancia, todo el tiempo estamos invirtiendo. Más o menos conscientemente, pero lo estamos haciendo.

Por ejemplo, invertimos tiempo en un proyecto interesante en nuestro trabajo. O a nivel privado, invertimos si nos comprometemos a entrenar para jugar en un torneo de fútbol. Sí, invertimos incluso en una amistad o en una relación...

...y también invertimos nuestro capital en empresas o industrias prometedoras.

¿Y, qué pasa si invertimos y no obtenemos resultados?

En todos los casos en los que invertimos estamos arriesgando nuestro dinero. Es decir, estamos corriendo el riesgo de que estas inversiones fracasen, que no obtengamos nada a cambio del dinero que hemos invertido o, lo que es peor, que nuestro compromiso no obtenga ningún resultado: que el proyecto se cancele, que perdamos el partido de fútbol para el que nos estábamos entrenando, que la amistad fracase o se acabe la relación. Es decir, que perdamos lo que hemos invertido en tiempo y energía.

Por supuesto, esto no podíamos saberlo antes de comprometernos. De lo contrario no nos habríamos involucrado. Sin embargo, siempre estaba presente la posibilidad de fracasar, al igual que siempre estaba presente la posibilidad de un resultado positivo: una promoción en nuestra carrera profesional luego de un proyecto exitoso, ganarnos el campeonato después de vencer en ese partido de fútbol, gozar de una amistad satisfactoria o de una relación afectuosa para toda la vida.

Como se puede ver, estamos constantemente invirtiendo en nuestras vidas y estamos esperando que los recursos que estamos invirtiendo nos den un „retorno" de esa inversión y que nuestra inversión „se pague". Pero, por supuesto, lo que también sabemos es que no siempre se puede „ganar". Si no ganamos, diremos que no ha pasado nada, excepto por los recursos que hemos gastado.

Ahora, con la mano puesta en el corazón, dime: ¿será que el temor al fracaso va a impedirnos el emprender un nuevo proyecto, o el entrenar intensamente para nuestro partido de fútbol, o que ya no buscaremos una nueva amistad o no volveremos a iniciar una relación? No, por supuesto que no. Puede ser que nos volvamos un poco más cautelosos, quisquillosos o reflexivos. Tal vez vamos a prepararnos con más intensidad. ¿Por qué? Porque queremos evitar que nuestro compromiso –o nuestra inversión– vuelvan a fracasar. En sentido figurado, estamos practicando la gestión de riesgos para protegernos contra fracasos graves y excesivos.

Ahora, antes de adentrarnos en reflexiones filosóficas demasiado profundas sobre la vida, volvamos al tema del libro y estudiemos el caso de que estás deseando invertir un dinero en una empresa o industria prometedora.

Y, de nuevo, no es seguro que tu inversión vaya a funcionar: la empresa en la que invertiste tu dinero puede quebrar, o todo el sector

industrial puede quedar obsoleto. En el peor de los casos, tu dinero
– todo el capital que invertiste– se puede perder.

Nos guste o no, el „peligro potencial" de que perdamos todo es parte
de la naturaleza de cualquier inversión. Y es precisamente porque
estamos corriendo este riesgo que esperamos obtener algo más de lo
que hemos invertido. Pueden ser intereses o dividendos. Tal vez la
esperanza de obtener ganancias adicionales puede tentarnos a correr
riesgos adicionales, para que nuestro riesgo valga la pena. Y cuanto
mayor sea el riesgo que estamos corriendo, esperamos que será mayor
la recompensa potencial para quienes estamos invirtiendo.

Esto nos lleva directamente a preguntarte. ¿Por qué estás invirtiendo?
¿Por qué estás haciendo trading? ¿Por qué estás arriesgando tu
capital? Tal vez porque estás esperando obtener una ganancia, o un
dividendo, o ganar unos intereses. Puede ser que esperes beneficiarte
de un aumento en los precios. O pueden ser todas las razones
anteriores.

En este punto, vamos a suponer que estás negociando con acciones,
divisas o futuros. ¿Qué tiene que ver la gestión del riesgo y del dinero
con que tu inversión sea o no exitosa? ¿Qué tiene que ver esto con
el trading?

Solamente llevando a cabo tu gestión de riesgos estarás en condiciones
de controlar los riesgos que están siempre asociados a una inversión.
La gestión de riesgos es la única forma de pasar de la incertidumbre
que está siempre asociada a una inversión, a tener un cierto grado de
seguridad.

¿Y la gestión del dinero? ¿Qué tiene que ver con todo esto? Es muy
simple: Si la gestión de riesgos te va a ayudar a que tu inversión no
naufrague cuando lleves a cabo algún trading, la gestión inteligente
del dinero te va a ayudar a controlar tus operaciones -tus inversiones-
en la mejor forma, y a acumular tus activos de forma consistente.

Ambas estrategias combinadas son indispensables para el éxito a largo plazo en el trading.

¿Por Qué la Gestión del Riesgo y del Dinero Son Esenciales para Tener Éxito en el Trading?

Seguramente en algún momento ya has estudiado en profundidad los mercados financieros, los cambios en los precios y los diferentes gráficos, y ya te has familiarizado con los diferentes patrones que se pueden encontrar en un gráfico. Tal vez hayas estado siguiendo el mercado durante algún tiempo, o incluso puede ser que ya hayas estado haciendo algunas operaciones. Entonces, con seguridad habrás oído sobre las caídas estrepitosas que pueden tener los mercados de valores, o incluso puede ser que te haya tocado de cerca alguna de estas como inversionista o como trader.

Antes de continuar, volvamos atrás unos años. En los «viejos tiempos», bastaba seguir, con la conciencia tranquila, la recomendación de „*compra una acción, guárdala por un tiempo, y con los años te volverás rico...* „. La gente miraba con sospecha todo lo que se decía sobre la gestión de riesgos, ya que en épocas de mercados en alza y florecientes, con ganancias burbujeantes, las acciones prácticamente estaban a prueba de riesgos si uno las guardaba durante un tiempo suficientemente largo. Los inversionistas y los traders manejaron esto con mucha comodidad hasta fines del pasado milenio. En ese momento el único riesgo era no estar participando en el mercado o no ser propietario de algunas acciones.

Entonces llegó el „nuevo mercado“... ¡Y todo cambió!

Hubo empresas sólidas que pasaron a ser candidatas a la quiebra y en cambio algunas pequeñas empresas de garaje se volvieron altamente cotizadas. Las promesas y los proyectos comenzaron a tener más valor que los hechos y las cifras. El tema de la gestión de riesgos estaba totalmente fuera del foco de atención de los inversionistas con el verdadero sentido de la palabra „fuera“. Desafortunadamente, como probablemente dirán ahora algunos inversionistas al recordar esos tiempos. Porque el resto… es historia.

Con el colapso de los mercados, todo lo que era negociable se fue a pique, tanto los de la nueva como lo de la vieja economía. Prácticamente todas las acciones perdieron valor en forma dramática. Muchas compañías desaparecieron completamente de la escena; otras todavía están en el mercado, pero hasta ahora no se han recuperado.

Lo que estamos diciendo puede demostrarse de manera impresionante si miramos el índice bursátil Standard & Poor's 500 (S&P 500)[5] que en apenas dos años y medio perdió más del 50% de su valor.

Figura 1: Índice S&P 500, gráfico semanal (cada valor una semana). El índice perdió el 50,5% de su valor desde su máximo histórico de 1.552,87 puntos en 2000 hasta su mínimo de 768,63 puntos en 2002, fuente: www. tradingview. com[6]

---

5   El índice Standard & Poor's 500 es uno de los índices bursátiles más importantes de Estados Unidos. Se basa en los valores de 500 grandes empresas que cotizan en la bolsa y se lo considera el más representativo de la situación real del mercado de valores (N. del T.)

6   Tradingview® es una marca registrada.

Cuando a partir de 2002 los mercados comenzaron a recuperarse y se prepararon a alcanzar nuevos máximos, por supuesto ya todo había cambiado. Había desaparecido el viejo mercado y las acciones y mercados que habían quedado eran sólidas. Las relaciones comerciales internacionales estaban en su apogeo y en los „mercados emergentes" se habían alcanzado durante varios años tasas de crecimiento trimestrales de dos dígitos. El euro estaba a punto de desafiar al dólar de los Estados Unidos como moneda líder, y debido a las muy bajas tasas de interés, muchas personas pudieron permitirse el lujo de adquirir su propia casa incluso sin tener ningún capital...

Era casi demasiado bueno para ser cierto... Y, de hecho, siete años después de la caída de principios del milenio, los mercados de nuevo se derrumbaron con una explosión. Ya fueran las acciones o las materias primas, todo lo que se podía vender salió volando de los portafolios de los inversionistas. En una reacción en cadena, cada uno de los valores arrastró a los demás hacia abajo. Al final, lo único que quedó fueron inversionistas perturbados, portafolios arruinados, y la convicción de que en el futuro sería muy buena idea limitar el riesgo de las inversiones.

Démosle también un vistazo al Índice S&P 500 del 2007 al 2009, cuando en año y medio los mercados mundiales cayeron a la mitad de su valor.

Figura 2: Índice S&P 500, gráfico semanal (cada valor una semana). El S&P 500 perdió el 57,69% de su valor, desde su máximo histórico en 2007 con 1.576,09 puntos hasta su mínimo en 2009 con 666,79 puntos, fuente: www. tradingview.com

Tal vez dirás ahora: *Bueno, después de todo estos son apenas índices y, por cierto, ya se recuperaron. Al fin y al cabo ¡los índices han alcanzado ahora nuevos máximos históricos!* Por supuesto, tendrías razón al decir esto, al menos en parte. Sí, los índices se han recuperado de nuevo; obviamente siempre lo hacen.

¿Pero, qué hay de las compañías que formaban parte de estos índices y de sus acciones? ¿También se recuperaron todas?

Bueno, dejemos que los hechos hablen por sí solos. Si tomamos como ejemplo la Compañía de Seguros de Alemania Allianz, cuyas acciones eran consideradas por muchos inversionistas como acciones estándar, y que se negociaban como una inversión completamente sólida, podemos observar que, en forma impresionante, han acumulado una pérdida del 90% de su valor desde su máximo histórico en el año 2000 hasta su mínimo en 2003. Aunque la acción volvió a subir algo en 2007 a 180,29 euros, todavía está lejos del máximo de 445 euros que alcanzó en el año 2000. Por el contrario, tuvo una segunda caída en 2008 a 45,15 euros, con lo que volvió a perder un buen 75% de su valor.

En contraste con esta situación, el índice alemán de acciones marcó en 2007 un nuevo máximo histórico, compensando así las pérdidas que había sufrido en los cuatro años anteriores.

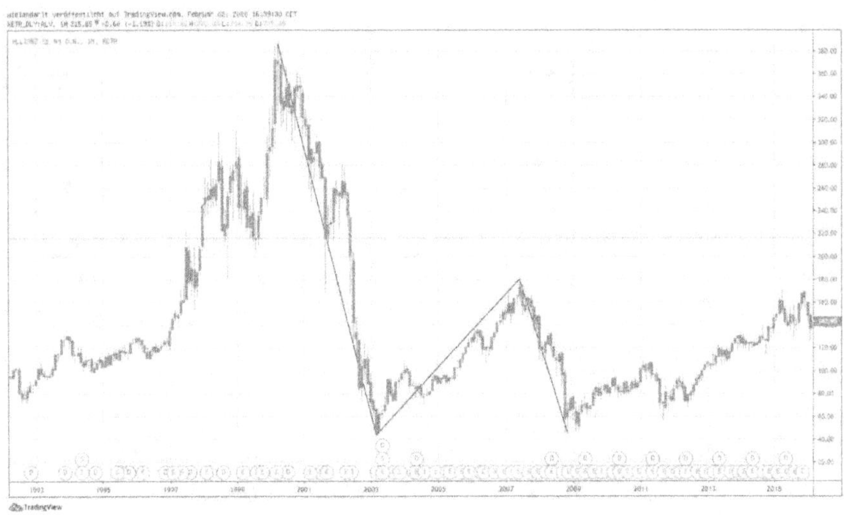

Figura 3: ALLIANZ SE, gráfico mensual (cada valor un mes). La acción de Allianz perdió el 90% de su valor desde su máximo histórico de 445 euros en 2000 hasta su mínimo en 2003 con 44,50. Para cuando volvió a caer en picada a 45,15 euros en 2007, se había recuperado a 180,29 euros, antes de llegar al mínimo a finales de 2008, de nuevo a 45,15 euros. Fuente: www. tradingview. com

Por supuesto hay otras razones para limitar el riesgo. Después de todo, no siempre hace falta una caída del mercado de valores a nivel mundial para que una acción caiga en picada. En muchos casos el nombramiento de un ejecutivo, o una decisión equivocada del presidente pueden ser suficientes. Pero los ciclos de los productos o las preferencias de la moda también pueden hacer que una acción caiga en picada tan rápidamente como en algún momento subió hasta el cielo.

Observa, por ejemplo, lo que sucedió en la industria tecnológica y en sus protagonistas. Las acciones de Nokia eran una de las candidatas más calientes en los portafolios de los inversionistas, hasta que la empresa no estuvo a la altura del progreso tecnológico y su acción comenzó su largo declive.

Démosle un vistazo a su gráfico:

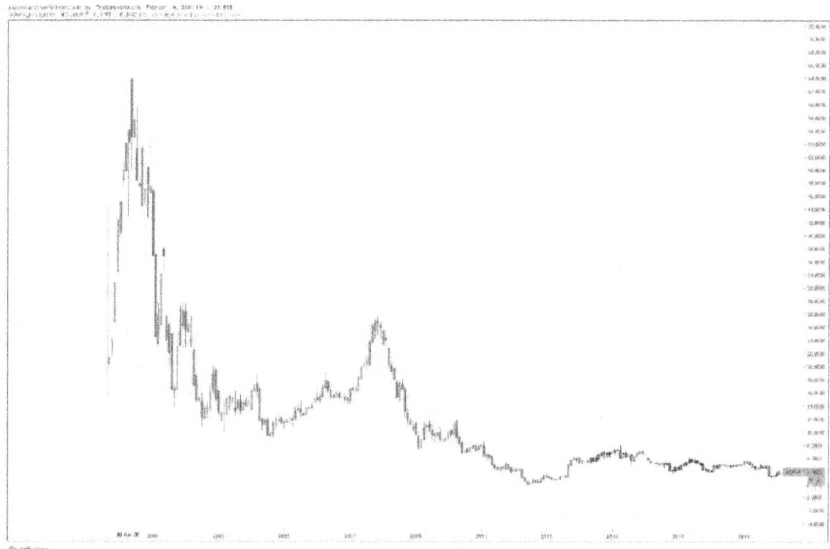

Figura 4: NOKIA CORP. Gráfico mensual (cada valor un mes). La acción de Nokia perdió el 86,45% de su valor, desde su máximo histórico de 65,99 euros en 2000 hasta su mínimo de 8,85 euros en 2004. Tras una recuperación provisional en 2007 a 28,66 euros, la acción cayó aún más a 1,33 euros en 2012, y Nokia perdió el 97,96% de su valor desde su máximo histórico en 2000. Fuente: www.tradingview.com

Llegados a este punto debemos ante todo preguntarnos, ¿qué tendría que ocurrir en el mercado de valores para que después que una empresa ha perdido más del 95% de su valor, pueda de nuevo subir a sus antiguos valores máximos? Y la segunda pregunta que debemos hacernos es, ¿en cuánto tiempo podría ocurrir esto?

Las dos empresas que hemos mencionado son, por supuesto, solamente ejemplos. Pero hay muchos otros casos similares a nivel mundial. Sin profundizar en el análisis de acciones individuales, debería haber quedado claro que, aunque los valores se recuperan periódicamente y pueden alcanzar nuevos máximos, en su fase de recuperación pueden permanecer muy por debajo de sus antiguos máximos. Y pueden permanecer por debajo de ellos de forma permanente.

Cuando se trata de inversiones, debemos siempre recordar que el mundo está en rápido movimiento. Las tendencias vienen y van. Y una vez que se van, algunas veces no regresan. Hay entonces nuevos temas, nuevas ideas, nuevos productos, nuevos mercados, y nuevos ganadores.

Desafortunadamente, estas cosas nada más las sabemos después de que han pasado. Fieles al lema „Uno siempre es muy inteligente sobre lo que ya ha sucedido", las cosas son muy claras y visibles después de que han pasado. O sea, solo después que ha sucedido sabemos quiénes han sido los verdaderos ganadores y quienes los perdedores permanentes.

Como trader, siempre debes tener esto en cuenta y mantener estrictamente limitado el riesgo que estás corriendo. Y aquí hay otro punto para considerar, y es aquí donde entra en juego lo que estamos hablando sobre la gestión del dinero. Así como no sabemos con anticipación cuál inversión resultará perdedora, tampoco sabemos de antemano cuál terminará siendo una verdadera ganadora.

Simplemente no lo sabemos. A pesar de todos los análisis que hagamos, fundamentales y/o técnicos, no podemos saberlo. Por eso es tan importante que, como trader, planifiques tus inversiones con mucho cuidado, y te prepares para todas las eventualidades. Esto no solamente quiere decir que estés claro de que puedes sufrir una pérdida, sino también de que puedes tener una ganancia. Ambos escenarios son clave, y son esenciales para invertir en forma exitosa y consciente en los mercados.

¿Qué Eres? ¿Eres un Trader, un Inversionista o Solamente un Jugador?

Ahora que hemos visto por qué es buena idea tener en cuenta tanto el riesgo como la gestión del dinero, podemos empezar a apartar la vista de los mercados y hablar sobre ti, la persona que está detrás de la operación. Cuando sepas de qué madera estás hecho, podrás entonces alinear tu gestión del riesgo y del dinero como lo consideres más conveniente y en la forma con la que, literalmente, puedas finalmente vivir.

Así que... ¿Quién eres, en cuanto a tu conducta como inversionista? ¿Alguna vez has considerado incursionar en los mercados financieros? ¿Te has detenido a pensar si prefieres obtener ganancias rápidas a corto plazo, o si más bien quieres un compromiso a largo plazo? ¿Crees que serás capaz de aceptar grandes fluctuaciones en tus ganancias en tu camino hacia tu objetivo, o más bien eres el tipo de persona que prefieres ganancias pequeñas, pero seguras?

Si no se te ocurre una respuesta inmediata a estas preguntas, por favor deja el libro a un lado por un momento, y tómate tu tiempo para responder a estas preguntas. ¡Solo cuando las hayas contestado podrás continuar leyendo!

Ahora, cuando ya hayas encontrado tus respuestas, puedes hacerte estas otras preguntas, que van a definir tu futuro y tu éxito como trader:

> ¿En mis inversiones quiero actuar agresivamente o más bien a la defensiva?

> ¿Prefiero resultados a corto o a largo plazo?

> ¿Cuánta experiencia tengo usando mis estrategias en los mercados donde he hecho trading?

> ¿Qué quiero lograr con lo que estoy haciendo?

Aquí es donde comienza en realidad la gestión del riesgo y del dinero. Y para hacer esto, no necesitas ser el propietario de ni siquiera una sola acción. Lo que necesitas, primero que todo, es unos pocos minutos de silencio para una reflexión interior.

Cuando respondas a estas preguntas, estarás definiendo cómo te vas a acercar al mercado y cómo vas a operar en él. Las respuestas también te dirán lo que quieres hacer, cuándo hacerlo y por cuánto tiempo. Y te darán un objetivo claro de qué quieres lograr con tu trading.

Finalmente, tus respuestas serán decisivas para saber si tendrás o no éxito en el mercado. Tus respuestas determinarán cómo alinear tus planes y tu estrategia comercial, y qué estilo de trading vas a utilizar cuando inviertas.

Por ejemplo, ¿Qué quiere decir que prefieres actuar en forma agresiva? Tal vez que estás más dispuesto que otras personas a arriesgarte un poco más. En la práctica podría significar que estás dispuesto a entrar en el mercado un poco antes, o que estás dispuesto a correr más riesgos que los que querría correr un trader más conservador. Si por el contario prefieres actuar a la defensiva, podrías ser el tipo de inversionista que, cuando va a invertir desea antes ver en el mercado la confirmación de que su entrada va a obtener resultados positivos.

También es posible que para ti sea fundamental tener éxito rápidamente. Si este es el caso, te puede resultar difícil mantenerte en una posición por mucho tiempo, y prefieres obtener ganancias rápidas y periódicas. O tal vez no quieras invertir en tantas posiciones y mantenerlas por más tiempo. En ese caso, también tendrás que esperar fluctuaciones durante el tiempo que las tengas.

Puede ser que apenas estés comenzando a aventurarte en el trading. En este caso, para ti todo será nuevo y emocionante. Tal vez quieras probar primero todos los mercados y todos los productos, antes de decidir cuál será tu camino. Por supuesto, también es posible que seas un veterano que ya ha visto todo lo que la bolsa y los mercados tienen para ofrecerte. Ya tienes tu estrategia y esta ha demostrado ser exitosa. Sabes lo que te viene encima y sabes cómo controlar tu situación en cualquier momento.

De todas formas, para lo que viene ahora, no importa tanto cuáles han sido tus respuestas a las preguntas anteriores, siempre y cuando ya las hayas respondido. Por lo tanto, para lo que vamos a hacer de aquí en adelante, vamos a suponer que ya tienes tus respuestas.

Esto, porque para tener éxito en los mercados como trader, primero debes conocer tus necesidades personales. Tu plan de trading debe basarse en ellas.

Estamos también buscando un componente psicológico para tus operaciones de trading. Recuérdalo siempre: Solo podrás tener éxito en los mercados si sigues la estrategia adecuada para ti y para tus necesidades. Porque solamente en ese caso tendrás plena confianza en tu estrategia, incluso en las épocas duras del mercado, y te apegarás a ellas. Solamente si sabes cómo y por qué estás invirtiendo, podrás operar en forma consistente. Esto tiene especial relevancia cuando estés pasando por fases duras y difíciles en tu trading.

¿Cuál es entonces la relación entre esta „autocontemplación interior" y nuestro tema del manejo del riesgo y de la gestión del dinero? Bueno, por un lado, más adelante en el libro trataremos estos puntos individuales con detalle. Y por otro, tus respuestas también tendrán una influencia directa en la manera como manejarás más adelante tu gestión del riesgo y del dinero. También volveremos varias veces a estos puntos en el curso del libro.

Finalmente, puede que te hayas preguntado por qué consideramos que necesitas definir el objetivo que quieres lograr con tu trading. La respuesta también es muy simple: Solamente si tienes un objetivo en tu mente podrás perseguirlo en forma consistente y alinear todas tus estrategias y mantenerlas pensando en ese objetivo.

Si no tienes un objetivo concreto, sino que operas en los mercados de acuerdo con el lema „lo importante es estar allí», entonces lograrás eso exactamente. Estarás allí. Existe, sin embargo, el gran peligro de que, al no tener un objetivo, puedas en cualquier momento perder la ganancia que hubieras podido lograr, simplemente porque no sabes qué quieres ni cuando es el momento de retirarte y abandonar tu inversión. Así que, antes de empezar a hacer trading, piensa y define qué quieres lograr. Esto evitará que andes recorriendo los mercados sin rumbo fijo.

Por lo tanto, de nuevo te hacemos esta recomendación: ¡Tómate el tiempo suficiente y responde a las preguntas que te hemos hecho!

Para Cambiar el Mundo: ¿Qué Estilo de Trading se Adapta a Tu Cuenta?

Te hemos formulado varias preguntas que debes hacerte acerca de cuál sería tu enfoque personal al invertir. El conocer esto nos permitirá adaptarnos aún más en forma individual a tu situación personal, y nos ayudará a revisar los diferentes estilos de trading que podrías utilizar para tus operaciones. Por ahora queremos describirte los diferentes estilos de trading. Teniendo en cuenta el tiempo durante el cual se negocian, distinguimos cuatro estilos de trading:

TRADING DE POSICIÓN: Llamamos trading de posición o de largo plazo el que lleva a cabo quien compra una acción o un título y lo conserva durante varias semanas, meses o incluso años. En este caso, la orientación del inversionista es seguir la tendencia, y su objetivo será mantenerse en esa inversión y ese objetivo tanto tiempo como sea posible. El inversionista en este caso hará su análisis usando gráficos semanales o diarios, y para quien invierte como trader de posición, las fluctuaciones a corto plazo son menos relevantes que la tendencia general. Como estrategia adicional a tener un trading de posición, este inversionista puede también tener como objetivo el cobrar periódicamente los dividendos de su inversión.

SWING TRADING, TRADING A CORTO PLAZO: Se dice que un inversionista está haciendo *swing trading* si está operando a corto plazo, tanto si está yendo con la tendencia como si está operando contra ella. El objetivo en el *swing trading* es reaccionar a los cambios del mercado, tanto cuando está en alza como cuando está a la baja. Cuando ha cumplido con el objetivo que se ha propuesto, el inversionista abandona esta inversión, es decir libera la posición. En consecuencia, puede que tenga esta inversión solo por unos días o algunas semanas. Sus análisis se basarán principalmente en gráficos diarios. Independientemente de esto, el inversionista puede estar atento a las oscilaciones en el precio de su acción de altos a bajos, por un tiempo más corto, o más largo. Aunque para nuestros análisis siguientes, se espera que quien haga *swing trading* mantenga sus análisis y sus inversiones dentro del período de tiempo que se ha fijado.

TRADING DIARIO: Decimos que un inversionista hace trading diario cuando mantiene una acción o un producto solamente por unas horas. Puede también mantener una posición de un día para otro, si por ejemplo lleva a cabo una inversión un día y la cierra al día siguiente. El trader diario se basará para sus decisiones en gráficos de cada 60 minutos, que puede complementar con gráficos diarios. Según sea su preferencia, el trader diario seguirá la tendencia del mercado o, por el contrario, puede operar en contra de ella.

TRADING INTRADIARIO: Se dice que un inversionista hace trading intradiario cuando ejecuta varias operaciones al día y apenas mantiene sus posiciones por unos minutos o hasta por tal vez únicamente por algunas horas. Un trader intradiario generalmente no mantiene una posición de un día para otro. Más bien cierra todas sus posiciones al terminar las operaciones diarias, y se queda entonces, como se dice, „flat" o plano, sin ganar ni perder durante la noche. Hace sus análisis utilizando gráficos de cada 60, 15 o 5 minutos, o incluso, gráficos minuto a minuto.

Ahora, con esta información, puedes comparar lo que respondiste a las preguntas que se te hicieron, con los estilos de trading que hemos descrito. Si, por ejemplo, estás más orientado al largo plazo, entonces no debes ocuparse del trading intradiario. Sería mejor ocuparte del trading de posición o del *swing trading*. ¿Tal vez quieras recibir tus ganancias rápidamente, ya que no se sabe qué nos traerá el mañana? Entonces probablemente debes irse por el trading intradiario o el diario. O, si definitivamente prefieres recibir tus ganancias pronto, pero tampoco quieres estar sujeto al agitado ritmo del día a día, en ese caso podrías estar más a gusto con el *swing trading*.

También depende por supuesto de cuánto tiempo puedas o quieras pasar en tus actividades de trading. Si solo dispones de unas pocas horas a la semana, o únicamente tienes disponible el fin de semana, entonces ni el trading intradiario ni el diario son para ti. Sin embargo, no hay nada en contra de que operes con éxito en los mercados como *swing trader* usando gráficos diarios, o como trader de posición usando gráficos semanales.

Por último, hay innumerables variaciones y combinaciones individuales que puedes crear a partir de estos cuatro estilos. En todos estos casos lo primordial es que decidas el estilo que se adapta más a tu gestión de riesgos y del dinero, y que planifiques tu estilo de trading de acuerdo con esto.

Ya por lo menos podemos estar claros de que el *swing trading* o el trading de posición requieren un manejo del riesgo y del dinero diferentes a lo que se requiere si uno se ha decidido por el trading intradiario o el diario.

De todas maneras, como hay mucha semejanza entre el trading intradiario y el diario, en el resto del libro vamos a combinar ambos estilos, y nos quedaremos con solamente tres estrategias de trading: el trading diario, el *swing trading* y el trading de posición o a largo plazo.

Para que podamos conocer y experimentar estos estilos en la práctica, tenemos tres traders que han tenido la gentileza de compartir sus experiencias con nosotros. Sus nombres son Rick, Anna y Peter. Cada uno de ellos lleva a cabo su trading de forma diferente a los otros, y lo hace a su manera. También ellos nos van a contar sus antecedentes personales.

Mejor aún, ellos se van a presentar:

Hola, me llamo Rick y trabajo como representante de ventas independiente. Tengo 27 años, soy soltero, y acabo de abrir mi primera cuenta de trading, donde he depositado $5.000 dólares. Mi experiencia en el trading hasta ahora ha sido mis conocimientos básicos de análisis técnico del mercado, y a que he venido observando a algunos traders a través de Internet. Casi siempre tengo algo de tiempo libre durante el trabajo, pero con frecuencia tengo que hacer llamadas telefónicas a mis clientes y socios comerciales. Creo que me irá bien operando como trader diario. Para esto me estoy basando en gráficos cada 60 minutos, donde busco oportunidades de inversión. Me he fijado como objetivo una ganancia de $500 dólares mensuales. Me describiría como alguien a quien le gusta correr riesgos, y mis clientes me consideran un vendedor entusiasta. Por supuesto quiero mostrar el mismo entusiasmo al hacer trading, por lo que me considero a mi mismo más como un trader agresivo. Pienso que para cumplir con mis metas tengo más oportunidades negociando en el mercado de divisas. Por eso he creado ya mi cuenta como corredor de divisas.

El objetivo de Rick como trader es, por supuesto, muy ambicioso, pues espera acumular en un año $6.000 dólares de ganancia, o sea 120% sobre los $5.000 dólares que está invirtiendo. Veremos cómo, y si puede lograrlo.

Querido lector, me llamo Anna. Hace poco recibí una herencia de $25.000 dólares y ahora tengo el reto de „hacer algo" con ese dinero. Ya conozco el mercado de valores y de acciones, pues vengo haciendo trading desde hace años. Por esto he decidido encargarme de mi futuro financiero. Voy a invertir toda mi herencia en hacer trading. Aunque ya tengo buena experiencia como trader, de todos modos he decidido que voy a actuar a la defensiva en el mercado. Uno nunca sabe qué puede pasar. Mi objetivo es obtener una ganancia de $5.000 dólares anuales, es decir obtener un 20% sobre mi capital.

Cuando le preguntamos qué tipo de trading quería hacer, Anna contestó que quería operar como trader de posición. Para esto va a tomar sus decisiones basada en gráficos semanales y a destinar a estos análisis algunas horas los fines de semana. De todas formas quiere mantener abiertas sus opciones, por lo que planea analizar tanto índices a nivel mundial como acciones individuales, y llevar a cabo sus operaciones como trader directamente en las bolsas de valores. Anna tiene 35 años y está casada.

Buenas tardes, me llamo Peter. Trabajo como gerente de departamento en una gran empresa y tengo 48 años. Como gerente estoy *muy ocupado durante el día, pero en los últimos meses he podido leer mucho sobre trading y he hablado con mi familia sobre abrir una cuenta de trading de $15.000 dólares con un corredor de futuros. Ya hice el ensayo por un tiempo con una cuenta de demostración[7] y me fue bien, por lo que estoy bastante seguro de que podré lograr una ganancia del 10% al 15% anual haciendo swing trading. Como padre responsable de la educación de dos hijos, quiero operar un poco a la defensiva en el trading. Me he puesto de acuerdo con mi familia para que me den una hora todas las noches para verificar mis posiciones. Para mis análisis uso los gráficos diarios y hago mi trading con futuros.*

En cifras concretas, el objetivo de Peter es llegar a tener de $1.500 a $2.250 dólares de ganancia en el primer año. Veremos aquí también cómo Peter pone en práctica su gestión de riesgos y de dinero para lograr sus objetivos.

De ahora en adelante, Anna, Rick y Peter nos van a acompañar, y muy amablemente han aceptado compartirnos periódicamente sus ideas, experiencias y pensamientos.

---

7   Una cuenta de demostración o simulador bursátil es un programa informático que reproduce el comportamiento y las características del mercado de valores. Usando una de estas cuentas la persona puede aprender a operar en los mercados con cifras reales, pero sin arriesgar su dinero (N. del T.)

Con esto vamos a poder concluir nuestras deliberaciones iniciales, y podremos dar el siguiente paso hacia la gestión profesional de riesgos.

Un breve resumen de los hechos más importantes:

> La gestión del riesgo y la gestión del dinero son dos términos que deben considerarse por separado.

> La gestión del riesgo nos sirve para limitar las pérdidas.

> La gestión del dinero comprende el control y la mejora de los resultados de nuestro trading, a través de la planificación selectiva de cómo invertimos nuestro capital.

> Las inversiones siempre tienen el riesgo de fracaso. La gestión de riesgos nos ayuda a limitar este riesgo.

> Aunque los índices bursátiles con el tiempo se recuperan después que han caído, esto no les sucede a todas las empresas. Después de un colapso que ha durado mucho tiempo, con frecuencia hay acciones que nunca logran llegar los máximos que alguna vez tuvieron. La gestión del riesgo nos ayuda a no aferrarnos a empresas débiles y nos facilita la forma de invertir en nuevos potenciales ganadores.

> Las acciones pueden caer junto con los índices, pero también pueden caer ellas solas. Sobre todo, el análisis técnico nos puede ayudar a evitar pérdidas grandes y a encontrar una salida oportuna de posiciones de pérdida.

> Antes de abrir una cuenta de trading y comenzar a operar en el mercado, debemos conocernos a nosotros mismos. Solo si sabemos dónde están nuestras fortalezas personales y nuestras preferencias en el trading, podemos comenzar a operar con ellas. Esto también hace parte de la gestión profesional de riesgos.

> La elección del estilo de trading apropiado también es parte de esto. El querer actuar a largo o a corto plazo es una decisión muy individual, que determina cómo funciona nuestra gestión de riesgos y del dinero.

CAPÍTULO 2:
Gestión de Riesgos

Los ejemplos del capítulo anterior deberían ser suficientes para dejar claro que en el trading siempre hay el riesgo de que pierdas tu inversión. En mercados de rápida evolución, donde las decisiones de inversión requieren una revisión periódica, debes asegurarte de no sufrir repentinamente una pérdida permanente y a largo plazo de tu portafolio.

¿Pero cómo puedes estar seguro de esto? ¿Cómo puedes identificar a un „asesino del rendimiento"?

Ciertamente hay algunos métodos en el análisis fundamental, y especialmente en el análisis técnico, que nos pueden identificar quién, a largo plazo, va a terminar siendo un perdedor. Si, por ejemplo, el lanzamiento de un producto nuevo de una empresa fracasa o si durante varios trimestres las cifras de un negocio resultan ser peores de lo previsto, entonces, desde un punto de vista básico, es por lo menos aconsejable que examines más de cerca el gráfico y compruebes hasta qué punto esa inversión sigue teniendo sentido. Lamentablemente, en este caso puede ser que en este punto ya la acción haya caído a un precio muy bajo. Por lo tanto, y hablando con toda claridad, cualquiera que espere hasta recibir los datos fundamentales de una empresa, puede llevarse una sorpresa muy desagradable, y puede terminar teniendo grandes pérdidas antes de decidirse a tirar del freno de emergencia y retirar esas acciones de su portafolio.

Puede ser que, en lugar de esperar a recibir estos datos, mediante análisis técnicos obtengamos antes indicaciones mejores y más rápidas que nos digan cuándo una acción o un mercado vayan cuesta abajo. En la práctica, hay algunas pistas que nos pueden dar indicaciones en este sentido. Por ejemplo, si vemos que al barco donde estamos navegando se le ha roto gran parte de su casco, esta es ya una primera señal de que debemos abandonarlo pues se va a hundir muy pronto. En el caso de los gráficos, si vemos que el precio de la acción presenta una formación hombro-cabeza-hombro[8], por ejemplo, esta podría ser una clara indicación de que algo va mal en el mercado en general, o en esta acción en particular. Si el mercado comienza a mostrar señales de debilidad y no alcanza otro nuevo máximo después del máximo anterior, los inversionistas comienzan a ponerse nerviosos. Si luego la acción cae por debajo de un nivel considerable, es muy alta la probabilidad de que continúe cayendo, al menos en el corto plazo.

---

8   Se dice que un gráfico tiene un patrón hombro-cabeza-hombro cuando tiene tres picos, y el pico del medio es más alto. En el análisis de las acciones, se cree que este tipo de patrón puede predecir un cambio, y el comienzo de una tendencia hacia la baja (N. del T.)

Veamos un ejemplo de un gráfico con la típica formación hombro-cabeza-hombro:

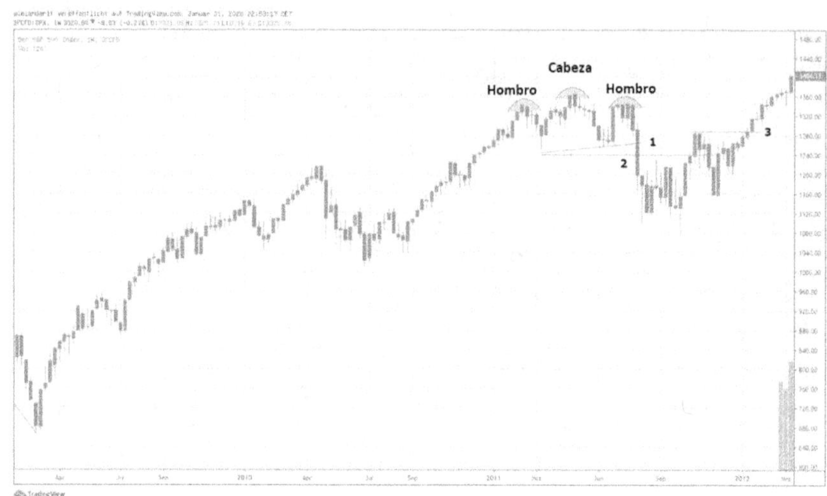

Figura 5: S&P 500 ÍNDEX, gráfico semanal (cada valor una semana). El S&P 500 ha subido desde su mínimo en 2009, cuando estaba en 666,79 puntos hasta su máximo en 2011 con 1.370,58 puntos. Allí forma una cabeza que es solo ligeramente más alta que la anterior u hombro izquierdo. Cuando el S&P 500 no crea un nuevo pico, se forma lo que se llama el hombro derecho. Al romper la línea del cuello en el punto 1, la venta comienza en 1.265 puntos. El S&P 500 pierde entonces alrededor del 15% de su valor en tres meses. Luego el S&P 500 se estabiliza y comienza una nueva subida a un nuevo máximo histórico. Fuente: www. tradingview.com

Vemos que el S&P 500 ha estado en una tendencia al alza desde 2009. Después de un aumento constante y directo, el S&P 500 retrocede, se eleva de nuevo y forma un nuevo pico. Hasta allí todo está bien y encaja en el panorama general. Pero entonces sucede algo que ya no parece encajar tanto. El S&P 500 cae, comienza a subir de nuevo, pero ya no forma un nuevo pico. En este momento ¡el análisis del gráfico se vuelve realmente interesante! En este punto podemos buscar una interpretación. ¿Qué está pasando por la mente de los inversionistas? ¿Después de una subida durante varios meses o años, de repente no se forma un nuevo máximo? ¿Y esto sucede en el punto donde había ocurrido el máximo más alto hasta ese momento? ¿Qué está pasando?

No necesitamos ser clarividentes para darnos cuenta de que en este punto, es al menos muy probable que venga una reacción. ¡Debemos estar precavidos! Y, de hecho, de acuerdo con la regla de mercado „Lo que no puede subir, va a bajar", el S&P 500 baja. Primero atraviesa el soporte[9] en el punto 1 y luego el soporte en el punto 2.

En este punto hagamos una pausa por un momento y veamos qué está pasando:

1. El mercado no logra marcar un nuevo máximo, sino que rebota en el área del máximo histórico.

2. Luego de una larga recuperación, el precio se detiene y notamos que se ha roto el casco de nuestro barco.

¿Cuál sería tu reacción? ¿Qué esperas que suceda? ¿Cuál sería tu primer impuso, después de que has vivido las experiencias de 2000 y 2007?

¡Esto es lo que piensa mucha gente! Después de pasar por el punto 2, el precio claramente bajó de nuevo. Muchos inversionistas venden, saliendo así de sus posiciones, y los vendedores en corto también han entrado en el mercado[10]. El hecho es que ambos factores ocasionaron que el S&P 500 cayera en pocos meses por debajo de los 1.100 puntos.

---

9   Se llama soporte, o nivel de soporte, el nivel de precios que un activo mantiene sin disminuir, durante un cierto tiempo. Se crea cuando hay compradores que, cuando el activo tiende a bajar de precio, entran al mercado y así evitan que el precio siga cayendo (N. del T.)

10   Los vendedores en corto son inversionistas que cuando estiman que un activo va a bajar de precio, lo venden con la intención de comprarlo a menor precio en una fecha posterior y así obtener una ganancia. Si, por el contrario, los precios subieran sufrirían una pérdida (N. del T.)

Entonces, ¿puede el análisis técnico de los gráficos darnos indicaciones de tendencias hacia la baja? ¡Sí puede! Pero por supuesto solamente nos da pistas, no nos da certezas. También, por ejemplo, podemos ver que en este caso el S&P 500 subió de nuevo inmediatamente después de la venta, alcanzando un nuevo máximo histórico en el proceso.

Entonces, ¿No es mejor mantener nuestra posición? ¿Resignarse a las pérdidas? ¡Obviamente, después de todo las cosas siempre están subiendo! Aquí, sin embargo, tenemos que pensar en nuestra gestión de riesgos. Después de las experiencias del pasado: ¿Quién va a poder predecir dónde terminarán las ventas? No podemos predecir el futuro y, por lo tanto, debemos protegernos contra pérdidas elementales.

Por eso, en este tipo de situaciones únicamente hay una recomendación válida que puedo darte: ¡Abandona el mercado!

La gestión del riesgo se concentra principalmente en limitar las pérdidas. Y en esta forma, quienes por ejemplo cerraron sus posiciones, o sea quienes se retiraron de esa inversión cuando la situación estaba en el punto 1, o incluso en el punto 2, se ahorraron gran parte de las pérdidas. ¡Y ahorrarse una pérdida es también una ganancia!

¿Por qué exactamente es mejor en este caso dejar esta inversión y abandonar, en lugar de quedarse en esa posición y esperar a que vengan tiempos mejores? Porque simplemente no sabemos hasta dónde continuarán los inversionistas vendiendo, el precio bajando, y cuándo comenzará a darse la recuperación.

Al retirarte en este momento conservas tu valioso capital de trading, que finalmente y en última instancia constituye la base con la que llevas a cabo tus inversiones.

Demos un paso más adelante: tienes una política estricta de gestión de riesgos y podrías haberte salido del mercado y abandonado esa inversión en el punto 1 o 2 del gráfico. Pero durante tus análisis posteriores, descubres que la venta no ha continuado y no ido tan lejos como temías. ¿Qué te impide volver a entrar después de los primeros signos de recuperación? Vas a tener una primera oportunidad de hacerlo, por ejemplo, en el punto 3 del gráfico.

Una vez más: ¡Gestión de riesgos consiste en limitar las pérdidas!

¡Planea Tu Negocio y Negocia Tu Plan! ¿Qué Elementos Son Importantes para la Gestión de Riesgos?

Ahora que ya te has comenzado a sintonizar, y muy intensamente, con la necesidad de limitar tus pérdidas a través de la gestión de riesgos, es necesario que, luego de las consideraciones generales, vayamos a lo concreto. El primer paso hacia una gestión profesional de los riesgos es planificar tus operaciones de trading teniendo en cuenta los riesgos. Para tener una idea de lo que queremos decir con el riesgo y la recuperación, démosle por favor un vistazo a la siguiente tabla:

Pérdida	Recuperación	Relación entre recuperación y pérdida
10%	11,10%	1,11
20%	25,00%	1,25
30%	42,90%	1,43
40%	66,70%	1,67
50%	100,00%	2,00
60%	150,00%	2,50
70%	233,30%	3,33
80%	400,00%	5,00
90%	900,00%	10,00
95%	1.900.00%	20,00

Figura 6: El largo camino de regreso. Aunque una primera pérdida pequeña se puede recuperar sin relativamente mucho esfuerzo, la marea comienza a subir

cuando las pérdidas son mayores. Fíjate que si has sufrido una pérdida del 50% de tu capital, para volver al punto de partida vas a tener que lograr por lo menos un 100% de ganancia. Ahora bien, si has perdido el 95% de tu cuenta, vas a necesitar que tu ganancia sea de 1.900% para recuperar lo que has perdido.

¿Qué nos dice esta tabla? Ya sabemos que al hablar de trading no nos estamos refiriendo solo a las ganancias. Las pérdidas también son parte del trading. Son inevitables y simplemente son parte del negocio... son como quien dice los costos de funcionamiento. Como podemos concluir al ver cómo funcionan los buenos traders, es importante que mantengamos estos costos lo más bajos posible. En la tabla hemos visto lo que va a significar el que los costos, es decir las pérdidas, se salgan de control. En ese momento podemos decir que son las pérdidas quienes han tomado el control.

Supongamos que tienes una cuenta de trading de $10.000 dólares y que los has invertido todos en un único título. Ahora, supongamos que a pesar de una cuidadosa planificación, has perdido 10% en esa acción. ¿Qué quiere decir esto para tu cuenta de trader? Has perdido $1.000 dólares, que ahora no tienes en tu cuenta, donde ahora solamente tienes $9.000 dólares disponibles para tu próxima inversión. Entonces llevas a cabo la compra de tu próxima acción por tu total de $9.000 dólares. Esta vez las cosas te salieron bien y has ganado 11% con tu operación. Con esta ganancia del 11%, has compensado tu pérdida y nuevamente tienes tu capital inicial.[11] Después de una pérdida de 10%, lograr en su siguiente inversión una ganancia del 11% y volver así al valor inicial es manejable y está dentro de los límites de lo posible. Incluso si pierdes 20%, podemos asumir que un trader medianamente hábil no se sentirá tan defraudado por esto y será capaz de compensar esta pérdida en un tiempo razonable. Pero si la pérdida es ya del 30%, las cosas poco a poco comienzan a verse diferentes. Cuanto más te

---

11   Por favor, tenga en cuenta que no es exactamente una ganancia de $1.000 dólares, sino de $990. Estrictamente hablando, el porcentaje de recuperación debe ser del 11,1 %. Vamos a redondear esto por la simplicidad. Esto no cambia los hallazgos básicos y así mantenemos los cálculos simples. Por cierto, para nuestra consideración, también hemos dejado fuera del cálculo los costos de transacción.

adentras en la zona de pérdidas, mayor es el desafío que tendrás que vencer para de salir de ella y por lo menos equilibrar tu cuenta de trading. Observa que, si la pérdida es del 50%, ya sea en una operación o en el total de tu inversión, vas a tener que duplicar el capital de tu cuenta solamente para volver al punto de partida.

Suponiendo que consigas doblar tu capital, inmediatamente surge la pregunta: ¿por qué no doblaste tu capital desde el principio?

Cuanto más te adentras en la zona de pérdidas, más difícil será el camino de regreso, y cada vez te adentras más y más en la incapacidad de actuar. Una vez que hayas perdido el 80% de tu capital, tendrías que ganar el 400% solo para compensar las pérdidas. Si nos referimos a tu cuenta de los $10.000 dólares iniciales, esto significa que con los $2.000 dólares que te quedan vas a tener que obtener ganancias de $8.000 dólares, un rendimiento extraordinario que definitivamente te incluiría en el grupo de grandes ligas de los mejores traders.

Si esto te parece imposible, imagínate lo que tendrías que hacer si tu pérdida fucra del 90%. Tendrías que lograr una ganancia de 900% o incluso de 1.900% mientras estás acorralado con la espalda contra la pared, lo que equivale a pertenecer al Olimpo de los traders.

Pero bromas aparte, todo el asunto tiene un trasfondo muy serio. Lo que podemos concluir de todo esto es que en ninguna circunstancia debemos permitir caer más allá del 30% de pérdidas. De hecho, debes preferir mantenerte siempre en un límite máximo del 20%. Para seguir con nuestro ejemplo, el desafío será entonces „solamente" lograr una ganancia de $2.000 dólares con tus $8.000 dólares restantes.

Por esta razón, el factor clave en la gestión de riesgos es cuánto riesgo estás asumiendo en cada caso. Pongamos esto en práctica inmediatamente: Responde a la siguiente pregunta y por favor debes ser honesto contigo mismo:

> ¿Cuánto riesgo estoy dispuesto a correr en cada operación o en cada posición?

Por supuesto, hay fórmulas y reglas generales para esto, que también veremos más adelante. Pero ahora lo principal es que definamos una cantidad que para ti sea la adecuada. Esta es una respuesta puramente individual y tiene que ver solamente con tu bienestar personal, y hay una razón para esto.

La razón es que, en caso de pérdida, la cantidad de la que estamos hablando ya no estará en tu cuenta y se registrará como una pérdida. Esto quiere decir que no vas a poder comprar una nueva acción con ese dinero que has perdido. Tampoco podrás usar ese dinero para irte de vacaciones. Igualmente, por las dudas, esto claramente significa que esta cantidad no estará disponible para tus necesidades personales.

Si ya te está doliendo el estómago solamente de pensar en esto, eso está muy bien. Porque es bueno revisar esto en detalle antes, mientras te estás preparando, y luego actuar cuidadosamente. Así que, si estás preocupado por tu capital, nadie te está obligando a correr con riesgos desproporcionados en tus operaciones de trading.

Únicamente si eliges una cantidad que te resulte conveniente y a la que puedas hacerle frente en caso de pérdida, podrás estar seguro de tomar la operación con osadía en el momento de hacer una inversión. Y solo asumiendo la cantidad de riesgo que para ti sea la adecuada, podrás analizar la situación con calma y prudencia en caso de una pérdida y tomar luego decisiones profesionales.

Así que, para estar seguros de lo que estamos haciendo, ¿cuánto riesgo estás dispuesto a correr en cada operación?

Por supuesto, también existe una variante concreta para definir el riesgo que vas a correr, que al menos idealmente y en teoría corresponde a lo que esperas que sea el resultado. Para esto, debemos examinar tu situación financiera general. Para calcular cuánto riesgo puedes correr, necesitamos tener una visión general y concreta de tus activos. En la práctica, la definición de activos puede hacerse de varias formas. Algunas personas incluyen los bienes raíces, los seguros, las joyas y otros objetos de valor como activos. Esto puede ser correcto para la definición de „activos", pero no nos sirve aquí para nuestras consideraciones.

Para nuestro caso queremos más bien referirnos a tus activos líquidos:

> ¿Cuántos fondos líquidos tienes disponibles para hacer trading?

> ¿Cuántos fondos de este total piensas utilizar para operar tu cuenta de trading?

Este doble enfoque de calcular cuántos fondos usarás en tu cuenta de trading, por un lado, y cuánto es el total de tus activos líquidos por el otro, tiene sentido, si, por ejemplo, en un principio no quieres utilizar el 100% de tus activos líquidos para tu trading, pero sabes que en un momento dado podrías decidir utilizarlos.

En este punto, asegurémonos de que solo uses en el trading el dinero que te sobra.

Bajo ninguna circunstancia debes poner todos los huevos en una sola canasta. Mantén siempre una reserva de liquidez con la que, en caso de emergencia, puedas empezar a operar de nuevo. Siempre ten presente tu provisión personal para tu jubilación. ¡Esto también es parte del riesgo profesional y de la gestión del dinero!

Ahora bien, supongamos que tienes un registro preciso de tus activos líquidos y que ya has reservado una parte para operar en tu cuenta de operaciones. Por otra parte, supongamos que ya has depositado en tu cuenta de trading los $10.000 dólares a los que nos hemos referido. A partir de ahora estos $10.000 dólares serán la base a la que nos referiremos más adelante en nuestras consideraciones.

En la práctica, una buena forma de determinar el riesgo que querrías correr es calcularlo como un porcentaje de tu cuenta de trading. Muchos operadores establecen, por ejemplo, entre el 1% y el 2% de su cuenta como el riesgo que están dispuestos a correr. También, por supuesto, puedes tomar una cantidad inferior al 1%, por ejemplo el 0,5% de tu cuenta. Esto también dependerá del tamaño de la cuenta. A la hora de fijar tu cantidad de riesgo, ten siempre en cuenta de que cuando tengas una pérdida, tendrás que compensarla. Y como ya hemos dicho, cuanto mayor sea la pérdida, más largo y difícil será el camino de regreso.

Por esto, nuestra recomendación es, ¡mantén el 2% como el límite máximo de tu riesgo!

En este momento con seguridad ya has adivinado lo que significa esta decisión. Ya antes, sin haber mencionado porcentajes, nos habíamos referido a cuál era la máxima cantidad de riesgo que estabas dispuesto a aceptar. Ahora, si comparamos estas dos cantidades:

> ¿Cuál es más alta?

> ¿Cuál te conviene más?

> ¿Con cuál cantidad te sientes más cómodo? ¿Mental y financieramente?

> ¿Qué cantidad de dinero te permitirá dormir bien, así tu inversión no cambie durante la noche?

Toma tu decisión. Para tus propios cálculos, encontrarás a continuación la fórmula de la cantidad que estás arriesgando en cada inversión:

*Cuenta de trading * Porcentaje de riesgo = Riesgo asumido*

En relación con la cuenta que estamos usando como ejemplo, esto quiere decir:

$$\$10,000 * 1\% = \$100$$

Independientemente del porcentaje, debes elegir la cantidad que te haga sentir bien y que te permita dormir bien por la noche. Para calcular la cantidad porcentual a partir de esta cantidad, tenemos que cambiar un poco la fórmula:

$$\frac{Riesgo\ asumido}{Cuenta\ de\ trading} = Porcentaje\ de\ riesgo$$

Si has decidido que, por ejemplo, $75 dólares es la cantidad que quieres aceptar como máximo riesgo a asumir, esto quiere decir lo siguiente respecto a tu cuenta de $10.000 dólares:

$$\frac{\$75}{\$10,000} = 0.0075 = 0.75\%$$

La determinación del porcentaje de riesgo en tu cuenta es importante, porque a partir de ese valor puedes calcular la cantidad inicial con la que vas a comenzar a operar. Puedes fácilmente imaginarte que tu cuenta de trading es cualquier cosa menos estática. Todo lo contrario, el desarrollo será dinámico, en ambas direcciones. Cuando eliges un porcentaje de riesgo, te aseguras de que estarás operando siempre en el mercado con el mismo riesgo con relación a tu cuenta. Por este motivo, ten en cuenta que si aumentas tu cuenta de trading de $10.000 dólares, en por ejemplo un 10%, a $11.000 dólares, entonces el riesgo que estarás corriendo también aumentará en 10%.

El cálculo será entonces así:

$$\$11,000 * 1\ \% = \$110$$

El porcentaje de riesgo no ha cambiado. Lo que ha cambiado es el riesgo absoluto. El riesgo absoluto varía al variar el monto de tu cuenta. Si sufres una pérdida del 10% en tu cuenta, el cálculo del riesgo para tu próxima operación se verá así:

$$\$9,000 * 1\% = \$90$$

En esta forma te aseguras de que siempre operarás dentro de los límites apropiados y que tu riesgo no será desproporcionadamente alto en comparación con la cuenta de trading. Porque si mantienes fija la cantidad absoluta de riesgo, si tienes una pérdida esta puede ser muy grande e incapacitarte para seguir operando.

Incluso aunque estés calculando tu riesgo con la cantidad que te hace „sentirte bien", la recomendación es convertir esa cantidad en un porcentaje de tu cuenta de trading. A medida que la cuenta crezca, esta cantidad, por supuesto, también aumentará en términos absolutos. En caso de obtener una ganancia, tu cuenta aumenta y los $75 dólares originales que aceptabas como pérdida se convertirán rápidamente en $80 o $90 dólares y, por supuesto, eres libre de seguir con la cantidad que te habías fijado reduciendo el porcentaje. La otra cara de la moneda, sin embargo, es que al hacer esto literalmente frenas un elemento esencial de la gestión del dinero y, por lo tanto, también frenas el crecimiento de tu cuenta. Lo puedes hacer, por supuesto, pero al hacerlo debes estar claro en lo que estás haciendo.

En resumen, podemos decir que en épocas de bonanza, cuando estás obteniendo ganancias, la determinación del porcentaje de riesgo en función del tamaño de la cuenta de trading aumenta constantemente la cantidad absoluta de dinero que está en riesgo, a la vez que está aumentando tu cuenta de trading. En malos tiempos con varias pérdidas seguidas, el uso de un porcentaje de riesgo puede reducir las pérdidas, ya que disminuye constantemente la cantidad absoluta de dinero que está en riesgo. Así te asegurarás de que siempre tendrás la capacidad de actuar y proteger tu valioso capital, incluso en épocas con pérdidas múltiples, lo que se llama una "racha de pérdidas."

En este punto, podríamos ya concluir nuestras consideraciones sobre el riesgo y podemos pasar al punto siguiente. Sin embargo, quedémonos en este tema un poco más, y al mismo tiempo concentrémonos en quien eres tú, y cuáles son tus puntos fuertes.

En el primer capítulo, revisamos sobre si querías hacer trading en forma agresiva o defensiva, y también te preguntamos cuánta experiencia tenías en los mercados y en los productos con los que querías hacer trading. También te preguntamos si estabas más orientado al largo o al corto plazo. Había razones muy específicas para esto. En este punto podemos volver a estas preguntas. Así que, por favor, vuelve atrás y mira cuáles fueron tus respuestas.

¿Por qué decimos que tiene sentido tener respuestas concretas para uno mismo con relación a la definición de la cantidad de riesgo a correr?

Al fijar la cantidad que estará en riesgo, debes por supuesto tener en cuenta tus circunstancias personales. La base de tus cálculos es por supuesto tu cuenta de trading. Pero esta es solo una primera recomendación, que no tienes por qué aplicarla rígidamente y sin cuestionártela o sin mirarla en detalle. Si por ejemplo has decidido que quieres operar en el mercado a la defensiva, en este caso vale la pena que consideres la posibilidad de reducir un poco el porcentaje de riesgo, por ejemplo, del 1% al 0,75% o incluso al 0,5%.

Si te apegas muy estrictamente a la fórmula anterior, hay el riesgo de que no te sientas cómodo dentro de tu „piel de trader" y que desde el principio te sientas incómodo haciendo trading. Por esto es fundamental mirar esto al decidir sobre el riesgo que quieres correr.

También debes incluir en la evaluación del riesgo cuánta experiencia tienes en los mercados o productos con los que deseas hacer trading. Imagínate que eres alguien completamente nuevo en los mercados financieros. Tal vez todavía no conozcas muy bien la plataforma que estás usando para hacer trading, ni los mercados ni los productos, y apenas estés empezando a invertir. Igual que en la vida real, el lema es „aprender haciendo", pero ¿Qué quiere decir esto para la gestión de tus riesgos? Por supuesto, ¡quiere decir mantener el riesgo pequeño! Una vez más, el cálculo del porcentaje es apenas una orientación inicial. Pero si eres nuevo en un tema, la única recomendación que tengo para darte es: ¡Reduce el riesgo! Toma un riesgo del 0,5% o incluso menor. A medida que crezca tu experiencia, podrás aumentar poco a poco tu porcentaje de riesgo.

Al comienzo de tu carrera, es importante "comprar" la experiencia que necesitas lo más barato posible. Recuerda siempre que nadie te está obligando a invertir "a todo riesgo". Ve ganando experiencia hasta que estés absolutamente seguro de los mercados, estrategias y de los productos que has elegido. Luego, a medida que tengas más experiencia, ajusta tu riesgo a este nuevo nivel de experiencia.

Dejemos ahora la parte teórica y miremos el lado práctico. Tanto Peter como Anna y Rick están esperándonos para compartirnos sus experiencias. Dejemos que Rick hable primero:

Yo lo que tengo es una pequeña cuenta de trading. Si estoy calculando correctamente mi riesgo, puesto que me he fijado un límite de 1%, para mi cuenta de $5.000 dólares mi riesgo absoluto es de solo $50 dólares. Sé que con estas cifras no estoy llegando a ninguna parte, pero... ¡Estoy seguro de que más adelante con más experiencia podré tomar riesgos mayores!

Entendemos que Rick esté un poco decepcionado con el monto de riesgo que está manejando. Muchos traders comienzan sus operaciones con la idea de manejar sumas muy grandes... como ganancia. Lo que hace que un trader tenga éxito en forma permanente es la estricta y constante limitación del riesgo. Y como también lo dice Rick: La cantidad absoluta de riesgo pronto será mayor, y entonces con seguridad obtendré las „grandes ganancias". En cuanto al mercado y al estilo de negociación, hay que decir que, especialmente en el trading de divisas, es posible operar a corto plazo con una cantidad de riesgo relativamente baja.

¿Cómo enfoca Anna lo que corresponde a la determinación de su riesgo?

Con mi cuenta de trading de $25.000 dólares, espero tener buenos resultados. He fijado mi riesgo en $250 dólares por operación, es decir en 1%. Puedo manejar este riesgo, sobre todo porque mis planes son operar a largo plazo, y no me afectan tanto las fluctuaciones eventuales, como si le afectarían a alguien que esté operando a corto plazo. Me siento cómoda con *esto, y más aún, dependiendo de cómo me vaya, estoy pensando aumentar mi riesgo al 1,5%.*

Como operadora de posiciones, Anna no llevará a cabo tantas operaciones como un trader diario. Por esto también la evaluación general de su riesgo se basa en un tiempo más largo. Cuando Anna dice que quiere aumentar su riesgo al 1,5% dependiendo de sus resultados, esto parece apropiado para su estilo de trading y para la cuenta que ella está manejando.

Por último, escuchemos lo que nos dice Peter:

Yo estoy un poco confundido. Normalmente tengo confianza en mí mismo y en lo que hago. El 1% de riesgo de mi cuenta representa un riesgo de $150 dólares. Estoy entre tener y no tener. No quiero arriesgar demasiado y prefiero tomar las cosas con calma. Inicialmente me fijaré un 0,75% de riesgo. Por esto mi riesgo absoluto será inicialmente de máximo $112,50 dólares. Creo que así podré manejarlo mejor.

Peter es reservado, a pesar de que cuando estuvo practicando con una cuenta de demostración obtuvo buenos resultados. Pero como él mismo se define como alguien a la defensiva, la estrategia que ha decidido puede ser la que le convenga.

Veamos de nuevo las declaraciones de los tres, esta vez resumidas en una tabla:

	Rick	Anna	Peter
Estilo de trading	Diario	De Posición	Swing
Tamaño de su Cuenta	$5.000	$25.000	$15.000
Producto	Divisas	Acciones	Futuros
Riesgo por operación	1%	1% - 1,5%	0,75%
Riesgo absoluto por operación	$50	$250 - 375	Hasta $112

Figura 7: Visión general de los tres traders, Rick, Anna y Peter y sus situaciones iniciales

Retomemos directamente la idea anterior y profundicemos en el tema de la gestión de riesgos:

¿Todos los Huevos en una Sola Canasta? ¡Cómo Distinguir tu Riesgo General de los Riesgos Individuales!

Esta sección te puede sorprender. Sin embargo, al examinarla más de cerca, verás que es solamente el paso lógico siguiente en las consideraciones que estamos haciendo. Hasta este momento hemos hablado del riesgo a tomar, pero refiriéndonos a una sola operación o inversión.

Pero, para planificar tu éxito y tu gestión de riesgos, es muy importante revisar la cuestión del riesgo general. Una vez más, es necesario que respondas con mucha precisión otra pregunta:

> ¿Cuánto riesgo general puedo aceptar?

Antes de responderla a la ligera, piensa por favor en cuánta ganancia tendrías que tener si incurres en pérdidas, para con las ganancias recuperar lo que has perdido.

Es fácil decir que podrías soportar una pérdida del 2%, del 3% o hasta del 5%. O decir: *La verdad es que podría aceptar una pérdida de $1.000 dólares. Esa cantidad está dentro de mi planificación de riesgos.*

Pero ¿cómo ves la situación cuando ya no estemos hablamos de una sola pérdida, sino de que has estado perdiendo en varias operaciones? ¿Puedes seguir siendo tan decidido diciendo que también has calculado estas pérdidas?

Debes tener esto siempre en cuenta. Cada estrategia que planifiques debe tener en cuenta no solamente las pérdidas individuales, sino las pérdidas de toda una serie de inversiones. Es completamente normal que en un momento dado estés perdiendo dinero en cuatro, cinco, seis o incluso en más operaciones. Y en ese caso las pérdidas van a comenzar a sumarse formando una gran pérdida total. Aquí es donde es crucial aplicar la gestión profesional de riesgos. Cualquiera puede manejar la pérdida en una sola inversión... pero manejar profesionalmente una serie de pérdidas ya es un asunto completamente diferente. Para eso es fundamental que de antemano tengas un plan para cuando esto te ocurra, decidir si vas a:

1. aceptarlo como un riesgo total, y

2. ¿qué vas a hacer cuando tus pérdidas lleguen a este riesgo total?

La respuesta al primer punto es, de nuevo, algo muy individual. De lo que se trata en este caso es que, a pesar de las pérdidas, todavía "te sientas bien". Debes ser capaz de lidiar en todo momento con las pérdidas que has acumulado. Un buen indicador de hasta dónde llega tu nivel de aceptación del total de pérdidas, es imaginarte conversando sobre ellas con tu familia o con tu cónyuge. ¿Te queda fácil imaginarte informándoles sobre tus pérdidas? Algo así como: *"Mi amor, hasta ahora llevo perdidos $15.000 dólares en mi cuenta de trading..."*

Si te parece que no vas a sentirse cómodo teniendo esta conversación, entonces ya sabes qué para ti este monto de pérdidas es una cantidad demasiado alta. Parece que estuviéramos hablando en broma, pero por desgracia no es broma sino una verdad amarga. Para agudizar los efectos desagradables, además del dinero perdido tenemos además el efecto psicológico. Si las pérdidas han sido muy altas, te vas a sentir incapacitado, no solo financieramente, sino también mentalmente. Hay el peligro entonces de que entres en shock, por así decirlo, y que no veas oportunidades de trading que se te están presentando y con las que podrías reponer las pérdidas que has sufrido. O podrías llegar al punto en el que no solamente has perdido el dinero con el que podrías seguir haciendo trading, sino que has perdido la fe en el mercado, la fe en tu estrategia e incluso, y en última instancia, la confianza en ti mismo.

A partir de ese momento, existe el gran peligro de que abandones el trading, lo que sería una lástima, o que trates de „vengarte" del mercado y con la ira de la desesperación comiences a tirar dinero bueno detrás de dinero malo, lo que también sería una lástima.

Por esto, es importante llevar a cabo una gestión de riesgos de manera profesional, y pensar seriamente qué nivel de pérdida general es para ti aceptable, y también soportable desde el punto de vista mental, además del financiero.

Desafortunadamente, aquí no hay una regla general que pueda yo recomendarte o que piense que debas seguir. En la práctica, hay traders para quienes la quinta pérdida seguida es ya la pérdida final. Otros fijan su límite en el ya mencionado 10% de pérdida total. Como hemos dicho antes, esta es una decisión puramente individual.

La siguiente pregunta es, ¿qué vas a hacer cuando llegues al límite de pérdida? En este punto muchos traders dejan de operar inmediatamente y se dedican a analizar el mercado y sus propias operaciones. Talvez esta sea la mejor recomendación si estás experimentando una serie de pérdidas seguidas.

La razón para hacer esto es muy sencilla. Si ya ha fallado varias veces seguidas la estrategia que estás usando para invertir, algo está pasando que es diferente a lo que pasaba antes. Podría ser el mercado, pero también podrías ser tú. En estos casos no tiene sentido seguir operando. En lugar de esto, trata de encontrar las causas de lo que está pasando. Analiza el mercado, tu metodología, y/o tu condición personal y haz una pausa. Espera hasta que tu situación interna, el mercado y el método que estas usando para operar se vuelvan a alinear.

Por este motivo, con la gestión del riesgo no solamente tratamos de limitar el riesgo que estás corriendo con una sola operación, sino también buscamos anticipar cómo vas a enfrentar una serie de pérdidas, y en qué momento vas a decidir interrumpir temporalmente tus operaciones.

Para completar el cuadro, necesitamos revisar otros dos aspectos del riesgo general.

Imagínate que eres un trader de posición o a largo plazo, como por ejemplo hemos visto que es Anna. El mercado va bien, estás invirtiendo tu capital, y tienes en tu portafolio diez acciones, de cuya calidad estás 100% convencido. ¿Qué debes ahora tener en cuenta?

En primer lugar, al planificar el total de tus operaciones, debes por supuesto también tener en cuenta ¡el riesgo general de tu portafolio! Especialmente si quieres actuar como trader de swing o de posición. Cuando vayas a planificar tu riesgo global, planea cuál podría ser tu camino de regreso si las cosas salen mal. Sobre todo cuando estés revisando el riesgo total que estás corriendo, para que no arriesgues tu capacidad de actuar. Esto es particularmente importante teniendo en cuenta las experiencias de años recientes, cuando hemos visto que han ocurrido uno tras otro dos colapsos en el mercado mundial. Fija por lo tanto una cantidad que consideres aceptable y cuando las pérdidas lleguen a esa cantidad, sal del mercado y liquida tus inversiones. Luego dedícate a analizar qué están haciendo los demás inversionistas, relájate mirando las cosas desde afuera, y busca nuevas oportunidades de entrada que sean rentables cuando haya pasado la tormenta. Cuando los que, a pesar de todo, se quedaron y estén ahora lamentándose de cuánto se ha reducido su saldo en el banco, tú estarás listo para volver a entrar en el mercado con casi toda tu fuerza. ¡Esto es lo que se llama una gestión profesional de riesgos!

Sin embargo, sucede que la gran mayoría de los traders, luego de hacer estas consideraciones, concluyen su evaluación de riesgos y se zambullen en el trading, bien sea a corto plazo como operador intradiario o a largo plazo como trader de posición. En este contexto, todavía tenemos que considerar un aspecto adicional de la gestión de riesgos.

Ya hemos dicho antes que, en la práctica, el limitar nuestro riesgo por operación y posición al entre el 1% y el 2% de nuestra cuenta puede ser una buena decisión. Pero, ¿podemos afirmar que en general esto es siempre aplicable, no importa cuál sea nuestro estilo de trading?

Supongamos que quieres operar como trader intradiario. Entonces, ¿Qué hay de tu porcentaje de riesgo? ¿Se aplica aquí también la regla general del 1% al 2% de la cuenta? Probablemente no. Siempre debes tener en cuenta la referencia temporal. Un operador intradiario tiene una frecuencia y un número de operaciones muy diferente a las que tiene un trader de posición. El trader de posición maneja apenas una pequeña fracción de las operaciones que hace el trader intradiario. Entonces, parece obvio que los dos no pueden tomar los mismos riesgos, ni en términos porcentuales ni absolutos.

Vamos a hablar en números. Supongamos que tienes una cuenta con $100.000 dólares y quieres operar con ella como trader intradiario. ¿Quieres tomar $1.000 dólares como riesgo absoluto por operación? Si al cabo de un corto tiempo has tenido cinco pérdidas seguidas, ya estás perdiendo un total de $ 5.000 dólares, o sea el 5%. Si estás operando con gráficos minuto a minuto, puedes perder esa cantidad en menos de diez minutos. Independientemente de cómo te queden los nervios después de esto, esta estrategia es una buena manera de que sea el mercado quien te saque en un corto tiempo.

Por esto, cuanto más a corto plazo estés interviniendo en el mercado, menor será el porcentaje de riesgo que deberías estar asumiendo en cada operación. El hecho del gran número de operaciones que puede hacer en poco tiempo el trader a corto plazo, quiere decir por sí mismo que podrías estar corriendo un riesgo general desproporcionadamente alto. Por otra parte, si estás operando a más largo plazo podrías aumentar ligeramente el porcentaje de riesgo que aceptas. Esto se debe simplemente al hecho de que, con las inversiones a largo plazo vas a llevar a cabo menos operaciones en un año, mucho menos que las que realiza un operador orientado al corto plazo.

Y, por supuesto, como ya lo mencionamos en el primer capítulo, la gestión profesional del riesgo incluye también la recomendación de no invertir toda tu cuenta en una sola acción o un único mercado, sino más bien, y aquí es donde entra en juego el porcentaje de riesgo por posición en combinación con el riesgo global, llevar a cabo una diversificación sensata en tu portafolio. En la práctica esto quiere decir que deberías mezclar en tu portafolio inversiones, industrias, países, regiones e, idealmente, también diferentes monedas.

Podemos entonces ahora concluir realmente nuestras reflexiones sobre la gestión de riesgos, y una vez más mirar las cosas desde el lado práctico. ¿Qué dicen nuestros tres traders sobre este tema? Empecemos con Rick:

Ya que he decidido operar en el mercado de divisas como trader diario, me siento más tranquilo con un portafolio estructurado. Pero lo que me parece básico es cuidar de no operar, sin darme cuenta; con pares de monedas que vayan en la misma dirección. Si opero con dos divisas me cuido que no estén alineadas entre sí. Por otra parte, he decidido que, si llego a perder en cinco operaciones seguidas, inmediatamente me tomo un descanso por el resto de la semana. Y cuando eso pasa, en esos días me dedico a hacer un análisis intensivo. En mi caso considero que, como riesgo máximo total puedo llegar a tener una pérdida del 15%, y que si esto sucede, terminaré mis operaciones por el resto del mes, y me dedicaré a operar con una cuenta de demostración, para mejorar mis habilidades sin correr riesgos adicionales. Pero como lo que yo quiero es ganar, esto para mí es solo una consideración teórica...

Rick tiene razón en su apreciación. En el mercado de divisas hay pares de monedas alineadas unas con otras, por lo que en la práctica hay que tratarlas como una sola pues de lo contrario estarías duplicando el riesgo. El 15% de riesgo que está tomando Rick está de acuerdo con este enfoque agresivo. Por otra parte, lo que propone Rick sobre tomarse un descanso si sus pérdidas llegan a este 15% es importante. Y en ese caso, dedicarse a hacer un análisis extenso del mercado, y a cuestionarse a sí mismo y a sus acciones. Incluso una idea interesante es seguir operando, pero con una cuenta de demostración. Así, permanecerá activo en el mercado, pero ya no estará arriesgando más dinero.

¿Cuál es, en el caso de Anna, el diseño general del riesgo?

Por mi parte, me quedo en el clásico 10% de riesgo total. Me gusta la observación que han hecho sobre la diversificación y la tendré en cuenta en mis análisis. En esta forma evitaré el riesgo de invertir demasiado en una industria o en una sola área. De todos modos, después de cada operación haré un análisis retrospectivo y cuando llegue el fin de semana voy a observar metódicamente los mercados. Para mí, el 10% de riesgo total es más un límite máximo y no una serie de pérdidas seguidas. Si alguna vez llego al 10% de perdidas, definitivamente me tomaré un descanso de mis operaciones por el resto del mes.

A medida que Anna, como trader de posición, se mueve revisando los gráficos semanales, su enfoque es a largo plazo. Si deja de operar después de alcanzar el límite de pérdida del 10% o después de un cierto número de pérdidas seguidas, esto, por supuesto, será su decisión personal.

Finalmente, miremos por encima del hombro de Peter:

Esta es una papa caliente. Para mí sería muy difícil decirle a mi familia que acabo de perder $1.500 dólares. Lo más probable es que en ese caso haría sonar la alarma. Para mí, después de una pérdida total del 5%, las inversiones del mes han terminado para mí. También tendría que hacerle frente yo solo a una pérdida de $750 dólares y no quiero que esto suceda. En realidad, si llego a tener cuatro pérdidas seguidas ya tengo un mal presentimiento. Lo que tendría que hacer entonces sería sentarme y analizar mi estrategia y los mercados. Haría lo mismo que hago cuando estoy operando con una cuenta de demostración, y así puedo ver inmediatamente cuando mis ideas de operaciones y los mercados se igualan de nuevo, mientras yo me mantengo activo y en entrenamiento.

Peter está a la defensiva y le presta atención a su zona de confort financiero y mental. Esto le asegura que se mantendrá emocionalmente estable, confiado en el momento de tomar decisiones y que será capaz de actuar.

Podemos completar nuestro resumen en esta tabla:

	Rick	Anna	Peter
Riesgo total en porcentaje	15%	10%	5%
Riesgo total en dólares	$750	$2.500	$750

Figura 8: Un vistazo de los riesgos generales de nuestros traders, Peter, Anna y Rick

Ya hemos examinado en detalle la limitación de las pérdidas y la minimización de los riesgos. Queda claro que en el trading hay que protegerse en todos los casos contra el riesgo individual de una posición, pero que también hay que tener cuidado con el riesgo general.

Hasta ahora, estas han sido ideas y conceptos más bien abstractos. Ahora vamos a ir un poco más allá, examinando los métodos y posibilidades que pueden ayudarnos en el diseño profesional de nuestra gestión de riesgos.

Siempre Bajan: ¡Cómo Proteger Tu Posición Contra las Pérdidas!

Hemos dicho que la gestión de riesgos consiste en limitar las pérdidas. Esperemos que ya hayas internalizado este principio y que esto te ayude a proteger y mantener tu base financiera durante el trading. Sin embargo, este principio solo te ayudará hasta cierto punto. Porque lo que sabes hasta este momento es que debes limitar tu riesgo hasta el punto en el que en algún momento tendrás que decidir salir de tu posición, es decir retirar tu inversión. Pero todavía esto no suena como realmente un buen plan. En el siguiente enfoque, queremos definir cuándo llegas al punto en el que ya no tiene sentido mantener tu posición por más tiempo y definitivamente debes terminar tu operación.

Para esto, es importante señalar que el trading no se basa en certezas sino en probabilidades. Sabemos que no podemos predecir el futuro, y ya hemos llegado muy lejos en nuestras consideraciones, por lo que inevitablemente vamos a tener que decidir con base en probabilidades. Cuando analizas una acción o un mercado, en última instancia todo se reduce a esta pregunta: ¿En qué dirección es más probable que se moverá esta acción o el mercado en general? Ese es todo el punto. Para eso hay una serie de métodos de análisis, que son una especie de combinación de arte, ciencia y esoterismo. Lo que todos estos métodos tienen en común es que quieren conocer cuál es la probabilidad de que el próximo movimiento del mercado sea en una u otra dirección. Esto es, por supuesto y obviamente, bastante vago, y por eso precisamente es por lo que se necesita una estricta gestión del riesgo, es decir, se necesita decidir qué vamos a hacer para limitar nuestras pérdidas si el mercado toma la dirección contraria a la que hemos supuesto, a pesar de que habíamos encontrado una alta probabilidad en lo que habíamos planeado.

Ahora que estás planeando una nueva operación, surge desde ahora la siguiente pregunta: ¿En qué momento ya no hay probabilidad de que tu acción o tu mercado tomen la dirección que quieres?

Cuando estamos considerando hacer una inversión, tenemos que tomar nuestra decisión basados en probabilidades, más que en hechos. Si luego de hacer tu análisis decides que vas a invertir, en ese momento estás tomando una decisión bajo incertidumbre. La incertidumbre aquí radica en que no sabes si en la operación vas a terminar ganando o perdiendo. Simplemente no puedes saberlo. Debes contentarte con las probabilidades. Pero no sabes si, en la práctica, estas probabilidades se convertirán en realidades.

Tu tarea como trader profesional es, en tu planificación, convertir esta incertidumbre sobre tu operación en certeza. Esta certeza reside en saber que vas a ganar o vas a perder. De antemano, puedes estar seguro de que sucederá una de estas dos cosas. Podemos especificar un poco más esta certeza. ¿Qué se puede decir en este momento, con absoluta certeza, a través de tus preparativos?

Cuando decides sobre una inversión, ya sabes cuánto puedes perder en circunstancias normales. Ya has definido esta cantidad. Esta es una cantidad que conoces.

Ahora, todo lo que tienes que hacer es incorporar estas consideraciones en tu planificación reuniendo estos puntos:

1. Planea un trading basado en probabilidades. Por lo tanto, debe haber un punto en el que ya no es probable que tu idea funcione, es decir un punto en que la probabilidad de ganar dinero ya es cero.

2. En este punto, ya sabrás el máximo que habrás perdido, que es tu riesgo fijo por operación.

Este punto es lo que se llama tu *stop loss* inicial, y es el punto donde le pones un límite a tus pérdidas, es decir ya no vas a perder más, y es un punto que ya has establecido cuando planeaste hacer esta inversión y entraste al mercado. Este es el punto en el que ya te das cuenta de que has llegado al límite de tus pérdidas y sin dudarlo un momento cierras tu operación.

Hay varias formas de calcular este *stop loss*. Los inversionistas a largo plazo, en particular, a menudo dicen que no quieren fijar este punto con tanta precisión indicando un precio para el *stop loss*, sino que más bien quieren antes revisar las bases de su decisión. Esto podría ser peligroso porque el mercado puede haber caído tanto que las bases hayan ya cambiado significativamente. Ya hemos hablado sobre esto.

Luego están los traders que establecen topes porcentuales. Dicen, por ejemplo: „*Retiraré mis acciones después que haya perdido un 5%*". Esto es, por supuesto, muy general, ya que en ese momento podría estar en medio de una corrección , lo que no necesariamente pone en peligro la idea original y aún no cuestiona la probabilidad de éxito. Sería una lástima que tuvieras que salir de una inversión en medio de una corrección. Lo mismo se aplica si usas un *stop loss* absoluto en la forma de una cantidad fija de dinero en lugar de un *stop loss* porcentual. En la práctica, este enfoque general no ha demostrado su eficacia y muchas veces conduce a resultados que no son óptimos.

Por otro lado, en la práctica, el definir los "stops" siguiendo lo que nos dicen los gráficos ha demostrado ser una práctica más eficaz. Tiene como ventaja que el gráfico nos puede indicar cuándo entrar, es decir cuándo invertir, y también al mismo tiempo cuándo salirnos. Aprovecha la oportunidad y concéntrate en mirar cualquier gráfico que desees. ¿Qué ves allí?

Verás que el precio del título o acción se mueve en oscilaciones regulares. Va en una dirección, luego en la otra, solo para ir de nuevo subiendo o bajando en el siguiente giro. Si al hacer esto va creando cada vez máximos un poco mayores que los anteriores decimos que lleva una tendencia al alza. Por otro lado, decimos que la tendencia es a la baja si en las oscilaciones hay cada vez hay mínimos más pequeños, seguidos de máximos que son cada vez más bajos que los anteriores. Las figuras 9 y 10 nos muestran estos movimientos en un modelo:

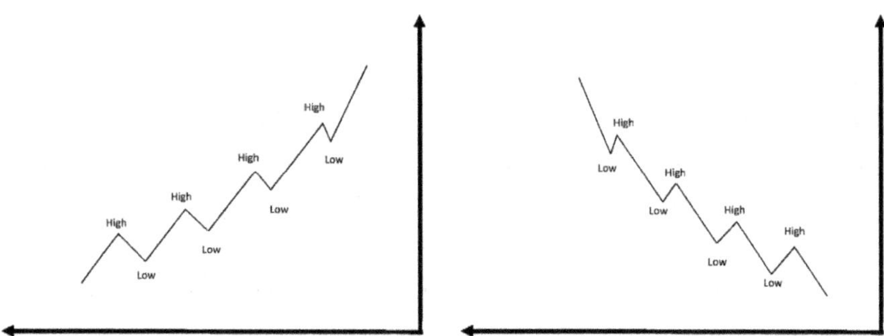

Figura 9 y 10: Una tendencia alcista con altos máximos relativos y bajos mínimos relativos más altos, y una tendencia a la baja con máximos y mínimos relativos más bajos.

Hasta este punto, habíamos asumido siempre que, como comprador, llevabas a cabo tu trading durante una tendencia al alza. Pero por supuesto, también puedes operar en la otra dirección, es decir, como vendedor cuando haya una tendencia a la baja. Por lo que hemos dicho, ambos enfoques son similares, solo que con diferentes signos. Para no complicar las cosas innecesariamente, vamos a suponer de ahora en adelante que así es como vamos a operar.

El análisis de gráficos es particularmente útil para determinar la dirección que creemos es más probable que tome un precio en su próximo movimiento. A continuación, veremos cómo podrías utilizar un gráfico para estimar el punto en el cual es poco probable que el precio se mueva en una cierta dirección.

Para una tendencia al alza, por ejemplo, podemos decir que la probabilidad de que la tendencia al alza continúe es cercana a cero, en el mismo momento en que el precio ha roto el último punto bajo a la baja. Podemos prever que ya ha terminado la secuencia de puntos altos y bajos ascendentes en la práctica. Es en este punto donde debes colocar tu *stop loss*.

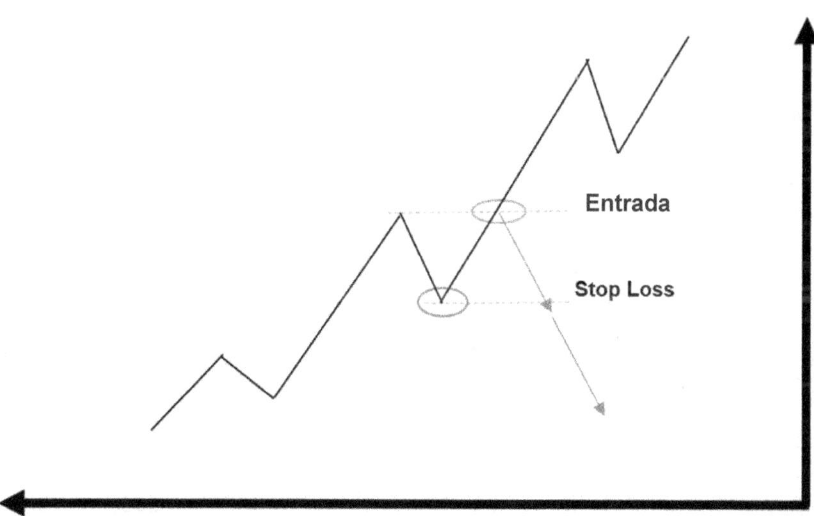

Figura 11: Entrada y stop loss en el modelo. El stop loss se establece donde se considera que no hay ya probabilidad de que la idea de la negociación siga funcionando. Si los precios están siguiendo las líneas rojas, al caer los precios por debajo del mínimo anterior, podríamos estimar que la secuencia de máximos y mínimos ascendentes ha llegado a su fin y que la tendencia al alza está, por lo menos, amenazada.

¿Cómo podemos en la práctica definir cuál debería ser nuestro *stop loss*? Veamos, como ejemplo, un gráfico del Índice Industrial Dow Jones[12]:

Figura 12: ÍNDICE INDUSTRIAL DOW JONES, gráfico diario (cada valor un día). El Dow Jones ha caído al punto 1. Luego en el punto 2 se recupera a la zona de resistencia, donde el índice se corrige al punto 3 y luego se eleva más. Ya que sigue subiendo parece que se ha establecido una nueva tendencia alcista después de la ruptura.[13] Fuente: www. tradingview.com

La mayoría de los traders quieren aprovechar una nueva tendencia lo antes posible. Después de marcar un mínimo en el punto 1, el índice Dow Jones subió al nivel de resistencia[14] en el punto 2.

---

12   El Índice Dow Jones indica el precio promedio de las acciones de las 30 empresas más importantes que cotizan en los mercados bursátiles de los Estados Unidos (N. del T.)

13   En el mercado de valores se llama *ruptura* al caso que se presenta cuando una acción se mueve fuera del nivel de soporte o resistencia que tenía (N. del T.)

14   En el mercado de valores se llama *resistencia* o *nivel de resistencia* a un precio por encima del actual, donde se estima que, al llegar allí la acción,

Como se esperaba, a partir de ese punto el índice volvió a caer. Para continuar con la tendencia a la baja, el índice tendría que haber superado el punto 1, pero no lo hizo. En lugar de esto la corrección se detuvo en el punto 3, formando un mínimo más alto que el punto 1. Los participantes del mercado, obviamente no quieren vender sus posiciones en este punto y parece haber un poder de compra adicional de otros participantes del mercado. En el punto 3, el Dow Jones comienza a subir de nuevo. El punto 2 parece ser entonces una buena orientación de cuándo entrar y aprovechar la tendencia al alza. O también un buen punto de entrada podría ser cuando los precios hayan regresado al máximo que tenían en el punto 2 y pareciera que tienen una tendencia al alza, rompiendo la resistencia anterior.

Con este enfoque, estaríamos definiendo cuándo entrar, es decir cuándo invertir.

A continuación, tendríamos que definir en qué punto del gráfico diríamos que ya no tiene sentido esperar un aumento de precio. Este sería el punto 3 en el gráfico del Dow Jones. Si el índice cae por debajo de este punto (líneas rojas en el gráfico), esto nos indicaría que es muy probable que el índice se esté disponiendo a descender a un nuevo mínimo por debajo del anterior. Este sería un buen punto para fijar nuestro *stop loss*. Si, como parece que va a suceder, los precios van a seguir bajando, si salimos en este punto estaríamos evitando pérdidas mayores.

Ahora sabes cuándo entrar en una posición, es decir cuándo invertir, y también sabes dónde colocar tu *stop loss* y decidir cuándo salir de ese mercado. En la práctica, y lamentablemente, hay mucha diferencia entre saber cuándo hacer algo y luego hacerlo. Por eso nuestra urgente recomendación es que fijes tu *stop loss* en el momento que está entrando a la inversión. Esto es muy fácil de hacer con las plataformas actuales de trading, y puedes fijar tu *stop loss* en el momento en el que colocas tu inversión. Tienes asimismo dos ventajas: la tranquilidad,

---

habría más ventas que compras y el precio podría comenzar a descender. Se llama así pues se estima que la acción habría encontrado *resistencia* al llegar a ese máximo, y por esta razón su precio empezaría a bajar.

tanto mental como temporal, de no tener que estar todo el día frente al computador revisando cuándo salirse de una inversión, y no correr el riesgo de dudar o de querer reinterpretar el gráfico en el momento en el que debes estar tomando acción.

En lo que respecta a los *stop loss*, es importante señalar que bajo ninguna circunstancia estas instrucciones podrán ser cambiadas o que sus acciones no podrán ser retiradas del mercado en perjuicio tuyo. Un *stop loss* sirve como un límite personal para protegerte contra pérdidas no planificadas. Incluso, y esto puede suceder con frecuencia, si estás tan mal colocado que abandonas el mercado exactamente en el punto en el que el precio está más bajo, esta decisión sigue siendo mejor que lo que podría haber pasado si el mercado hubiera seguido bajando y hubiera colapsado. En otro momento puedes encontrar otra inversión, pero si te has quedado y tu inversión ha colapsado del todo, es muy poco probable que se recupere.

Así pues, hemos discutido casi todos los componentes que se necesitan para la planificación profesional de una operación, en cuanto a los aspectos de riesgo. Resumamos ahora las consideraciones individuales que hemos preparado y utilicémoslas para determinar cuánto capital quieres, puedes o podrías utilizar para invertir.

¿Todo en Una Sola Tarjeta? ¡Así Es Como se Determina el Tamaño de la Posición Óptima!

Además de definir el riesgo que vas a asumir, otro de los puntos definitivos en la gestión de riesgos es definir el tamaño óptimo de tu inversión.

Lamentablemente, muchos traders no son conscientes de esto y se arriesgan con una inversión demasiado grande en relación con su cuenta de trading. En ese caso, sin saberlo, están tomando un riesgo mayor del que habían planeado originalmente. Por esto, el cálculo profesional del tamaño óptimo de la inversión es el factor decisivo en la gestión del riesgo y, al mismo tiempo, es el vínculo que relaciona el riesgo que hemos planificado y la determinación de nuestro *stop loss*.

Uno podría pensar: *Espera un momento…ya yo tengo todo preparado, y con mi cálculo del stop loss ya sé cuándo voy a salir de la inversión. ¿Qué diablos es esto nuevo que me están diciendo ahora?* De hecho, precisamente esto es lo que distingue a los traders exitosos de los demás. Al fin y al cabo, con el mismo sistema, estrategia y condiciones, el tamaño de la inversión es lo que define si al final el resultado de tu inversión aparece en verde (ganancia) o en rojo (pérdida). Por lo tanto, comparemos diferentes formas de calcular el tamaño de la inversión para encontrar cuál es para ti la mejor.

Hay varias formas de determinar el tamaño óptimo de una inversión. La más sencilla es, por supuesto, jugarlo todo a una sola carta e invertir toda tu cuenta de trading en una sola acción. Ya hemos discutido varias razones por las que esto no suele ser una buena idea.

Otra forma que tienen los traders para hacer su vida más fácil es cuando deciden que siempre van a comprar el mismo número de unidades de una acción. Especialmente si habitualmente solo negocian unos pocos mercados, rápidamente terminan adquiriendo este hábito. Por ejemplo, si negocian en divisas, esto puede significar que siempre negocian, por ejemplo, €50.000 euros contra $50.000 dólares.[15] Incluso puede que ya hayan fijado esta cantidad en su plataforma de operaciones y que, independientemente de consideraciones previas, siempre negocien esa cantidad. O puede ser en tu caso que operes exclusivamente la acción XY-Inc. y que siempre te manejes en el mercado con 100 acciones de esta empresa. No importa cuál sea el precio de la acción, has decidió tener siempre 100 acciones.

---

15   En el comercio de divisas o forex, se opera con margen, que quiere decir el depósito que se requiere haga el inversionista, y que es apenas una fracción de las cantidades que está negociando. En este ejemplo, para operar €50.000 euros contra $50.000 dólares se requiere hacer un depósito de margen mucho menor que estas cantidades (N. del T.)

Veamos esto con un ejemplo. Supongamos que seguimos con nuestra cuenta de trading de $10.000 dólares, y que como riesgo no queremos exceder el 1% de nuestra cuenta. Hemos fijado el *stop loss* desde un punto de vista técnico y hemos decidido que vamos a seguir en el mercado hasta cuando lleguemos al *stop loss*, o hasta que vendamos con una ganancia. Queremos hacerlo fácil para nosotros y en este caso hemos decidido comprar siempre 10 acciones de XY-Inc. Esto, de alguna forma debería ser posible dentro de nuestra gestión de riesgos. Llevamos a cabo diez operaciones y podemos mirar hacia atrás y ver después que, por ejemplo, hemos tenido cinco ganadores y cinco perdedores.

Los resultados se muestran en la siguiente tabla:

Posición	Entrada	Stop loss	Puntos hasta stop loss	Acciones	Riesgo	Tamaño de posición	Salida	Puntos	Suma	Cuenta
										$10.000,00
1	100	85	15	10	$150,00	$1.000,00	85	-15	-$150,00	$9.850,00
2	110	100	10	10	$100,00	$1.100,00	125	15	$150,00	$10.000,00
3	140	120	20	10	$200,00	$1.400,00	120	-20	-$200,00	$9.800,00
4	120	105	15	10	$150,00	$1.200,00	105	-15	-$150,00	$9.650,00
5	135	115	20	10	$200,00	$1.350,00	165	30	$300,00	$9.950,00
6	160	145	15	10	$150,00	$1.600,00	185	25	$250,00	$10.200,00
7	185	175	10	10	$100,00	$1.850,00	175	-10	-$100,00	$10.100,00
8	185	170	15	10	$150,00	$1.850,00	205	20	$200,00	$10.300,00
9	95	90	5	10	$50,00	$950,00	103	8	$80,00	$10.380,00
10	110	100	10	10	$100,00	$1.100,00	100	-10	-$100,00	$10.280,00
										$10.280,00

Figura 13: Los resultados de 10 operaciones seguidas, con una asignación arbitraria de ganadores y perdedores y manteniendo constante el número de acciones.

Podemos ver en la figura 13 que hemos logrado un resultado general positivo. Esta es la buena noticia, pero que viene con un gran PERO. Porque si miramos los detalles, los peligros de este vistazo superficial salen a la luz. Habíamos asumido que todo el tiempo compraríamos 10 acciones de la empresa XY-Inc. y que fijaríamos el *stop loss* basados en criterios técnicos. Esto resulta en puntos de *stop loss* que pueden estar más lejos del momento en el que entramos a invertir, pero también podrían estar más cerca. En consecuencia, el riesgo a veces se sitúa cerca de lo que esperamos y a veces no. Así que, hay posiciones en las que tomamos la mitad de nuestro riesgo planificado, y hay posiciones en las que de nuevo el riesgo se duplica.

Esto podría no ser óptimo y por supuesto no lo es. Esto queda particularmente claro cuando en lugar de cinco ganadores tenemos solo cuatro.

Supongamos, por ejemplo, que el trade número ocho no fuera un ganador sino un perdedor. ¿Cómo sería el resultado en este caso?

Posición	Entrada	Stop loss	Puntos hasta stop loss	Acciones	Riesgo	Tamaño de posición	Salida	Puntos	Suma	Cuenta
										$10.000,00
1	100	85	15	10	$150,00	$1.000,00	85	-15	-$150,00	$9.850,00
2	110	100	10	10	$100,00	$1.100,00	125	15	$150,00	$10.000,00
3	140	120	20	10	$200,00	$1.400,00	120	-20	-$200,00	$9.800,00
4	120	105	15	10	$150,00	$1.200,00	105	-15	-$150,00	$9.650,00
5	135	115	20	10	$200,00	$1.350,00	165	30	$300,00	$9.950,00
6	160	145	15	10	$150,00	$1.600,00	185	25	$250,00	$10.200,00
7	185	175	10	10	$100,00	$1.850,00	175	-10	-$100,00	$10.100,00
8	185	170	15	10	$150,00	$1.850,00	170	-15	-$150,00	$9.950,00
9	95	90	5	10	$50,00	$950,00	103	8	$80,00	$10.030,00
10	110	100	10	10	$100,00	$1.100,00	100	-10	-$100,00	$9.930,00
										$9.930,00

Figura 14: Los resultados se deterioran significativamente si el trade número ocho se convierte en un *perdedor en lugar de un ganador.*

Si sacamos a uno de los grandes ganadores del resultado positivo, y asumimos que es un perdedor, todo el resultado cambia. Y esto no es una sorpresa. En este caso no solo no tenemos ganancias, sino que vamos a perder. Además, terminamos con una pérdida general y tendremos un portafolio con un valor negativo.

¿Cómo se vería el resultado si en la operación número ocho tuviéramos un resultado neutral en lugar de una pérdida, es decir que termináramos en „equilibrio"?

Posición	Entrada	Stop loss	Puntos hasta stop loss	Acciones	Riesgo	Tamaño de posición	Salida	Puntos	Suma	Cuenta
										$10.000,00
1	100	85	15	10	$150,00	$1.000,00	85	-15	-$150,00	$9.850,00
2	110	100	10	10	$100,00	$1.100,00	125	15	$150,00	$10.000,00
3	140	120	20	10	$200,00	$1.400,00	120	-20	-$200,00	$9.800,00
4	120	105	15	10	$150,00	$1.200,00	105	-15	-$150,00	$9.650,00
5	135	115	20	10	$200,00	$1.350,00	165	30	$300,00	$9.950,00
6	160	145	15	10	$150,00	$1.600,00	185	25	$250,00	$10.200,00
7	185	175	10	10	$100,00	$1.850,00	175	-10	-$100,00	$10.100,00
8	185	170	15	10	$150,00	$1.850,00	185	0	$0,00	$10.100,00
9	95	90	5	10	$50,00	$950,00	103	8	$80,00	$10.180,00
10	110	100	10	10	$100,00	$1.100,00	100	-10	-$100,00	$10.080,00
										$10.080,00

Figura 15: Con un resultado neutro para el trade número ocho, al menos volveremos a la rentabilidad.

En ese caso, en lugar de terminar en pérdida, terminamos el negocio en cero. Muchos traders hacen esto cuando la ganancia ya estaba en libros, pero antes de que pudieran proteger las ganancias, el mercado repentinamente perdió impulso. En estos casos, muchos operadores buscan una salida, sin esperar a que el ganador potencial se haya convertido en un verdadero perdedor.

Vemos que los resultados son bastante modestos. Por supuesto, la distribución de ganadores y perdedores es puramente arbitraria. Pero eso es exactamente lo que experimentamos cada día en el trading. ¡Y debes sacar el mejor partido de estas condiciones arbitrarias!

En definitiva, la estrategia de cantidades fijas puede ser rentable si tenemos ganadores en la mayoría de los casos, aunque tan pronto como experimentemos pérdidas en la mayoría de las operaciones, esta estrategia puede rápidamente generar pérdidas desproporcionadas. Esto se debe, sobre todo, al hecho de que el riesgo por posición varía. Como resultado, con este enfoque estamos más cerca de estar en un juego de azar que en una operación profesional de trading. El peligro particular con este enfoque es que tenemos que tomar un riesgo demasiado alto si el *stop loss* ha quedado muy lejos. Una pérdida asociada a esto puede entonces rápidamente llevarnos al fracaso. Otro punto que debe criticarse con respecto al número fijo de unidades es la falta de flexibilidad con respecto a los cambios en la cuenta de trading.

Por lo tanto, sabemos que un número fijo de piezas produce resultados bastante moderados. Tal vez sería mejor si variáramos el número de piezas y en su lugar compráramos siempre nuestros títulos por la misma cantidad en dinero, de modo que siempre estaríamos eligiendo el mismo tamaño de posición. De esta manera, efectivamente limitaríamos el riesgo a la cantidad invertida.

Asumamos de nuevo a modo de ejemplo que siempre ponemos en una posición el 10% de nuestra cuenta de trading de $10.000 dólares. Entonces, siempre estaremos comprando acciones de XY-Inc. por un valor de $1.000. Sin embargo, como no podemos comprar medias acciones, vamos a redondear hacia abajo.

¿Cómo son los resultados con aproximadamente el mismo tamaño de posición?

Posición	Entrada	Stop loss	Puntos hasta stop loss	Acciones	Riesgo	Tamaño de posición	Salida	Puntos	Suma	Cuenta
1	100	85	15	10	$150,00	$1.000,00	85	-15	-$150,00	$9.850,00
2	110	100	10	9	$90,00	$990,00	125	15	$135,00	$9.985,00
3	140	120	20	7	$140,00	$980,00	120	-20	-$140,00	$9.845,00
4	120	105	15	8	$120,00	$960,00	105	-15	-$120,00	$9.725,00
5	135	115	20	7	$140,00	$945,00	165	30	$210,00	$9.935,00
6	160	145	15	6	$90,00	$960,00	185	25	$150,00	$10.085,00
7	185	175	10	5	$50,00	$925,00	175	-10	-$50,00	$10.035,00
8	185	170	15	5	$75,00	$925,00	205	20	$100,00	$10.135,00
9	95	90	5	10	$50,00	$950,00	103	8	$80,00	$10.215,00
10	110	100	10	9	$90,00	$990,00	100	-10	-$90,00	$10.125,00
										$10.125,00

Figura 16: Después de 10 intercambios seguidos, y 5 ganadores y 5 perdedores, aquí tenemos también un resultado positivo.

Dejamos sin cambiar la entrada, el stop loss y la salida, y fijemos apenas el tamaño de la posición. El tamaño de la posición cambia entonces no solo el número de acciones que compramos, sino también el riesgo asociado por posición. En este caso, estamos aquí regularmente por encima y por debajo de nuestro valor deseado del 1%. Como resultado, por un lado estamos tomando riesgos desproporcionadamente altos y por otro hacemos un uso desproporcionadamente bajo de nuestras oportunidades. Podemos ver que el resultado global se mantiene por debajo del número fijo de unidades, lo que se debe en parte al reducido número de unidades por operación.

¿Cómo se verían los resultados si declaráramos que el trade número ocho es también aquí un perdedor?

Posición	Entrada	Stop loss	Puntos hasta stop loss	Acciones	Riesgo	Tamaño de posición	Salida	Puntos	Suma	Cuenta
										$10.000,00
1	100	85	15	10	$150,00	$1.000,00	85	-15	-$150,00	$9.850,00
2	110	100	10	9	$90,00	$990,00	125	15	$135,00	$9.985,00
3	140	120	20	7	$140,00	$980,00	120	-20	-$140,00	$9.845,00
4	120	105	15	8	$120,00	$960,00	105	-15	-$120,00	$9.725,00
5	135	115	20	7	$140,00	$945,00	165	30	$210,00	$9.935,00
6	160	145	15	6	$90,00	$960,00	185	25	$150,00	$10.085,00
7	185	175	10	5	$50,00	$925,00	175	-10	-$50,00	$10.035,00
8	185	170	15	5	$75,00	$925,00	170	-15	-$75,00	$9.960,00
9	95	90	5	10	$50,00	$950,00	103	8	$80,00	$10.040,00
10	110	100	10	9	$90,00	$990,00	100	-10	-$90,00	$9.950,00
										$9.950,00

Figura 17: Con el trade número ocho en el lado perdedor, el resultado general también es negativo.

El resultado general es solo marginalmente mejor que el número fijo, pero aun así estamos sufriendo una pérdida en nuestra cuenta de trading. Aquí también estamos detrás de las posibilidades que ofrece un tamaño de posición óptimo.

Por último, podemos ver cuál sería el resultado general si quedáramos en cero, es decir en equilibrio, con la operación número ocho.

Posición	Entrada	Stop loss	Puntos hasta stop loss	Acciones	Riesgo	Tamaño de posición	Salida	Puntos	Suma	Cuenta
										$10.000,00
1	100	85	15	10	$150,00	$1.000,00	85	-15	-$150,00	$9.850,00
2	110	100	10	9	$90,00	$990,00	125	15	$135,00	$9.985,00
3	140	120	20	7	$140,00	$980,00	120	-20	-$140,00	$9.845,00
4	120	105	15	8	$120,00	$960,00	105	-15	-$120,00	$9.725,00
5	135	115	20	7	$140,00	$945,00	165	30	$210,00	$9.935,00
6	160	145	15	6	$90,00	$960,00	185	25	$150,00	$10.085,00
7	185	175	10	5	$50,00	$925,00	175	-10	-$50,00	$10.035,00
8	185	170	15	5	$75,00	$925,00	185	0	$0,00	$10.035,00
9	95	90	5	10	$50,00	$950,00	103	8	$80,00	$10.115,00
10	110	100	10	9	$90,00	$990,00	100	-10	-$90,00	$10.025,00
										$10.025,00

Figura 18: Incluso con un tamaño de posición fijo, el trade de equilibrio trae un resultado general positivo.

Con el trade en punto de equilibrio, el resultado general es positivo, pero no hay un aumento real del valor.

Afortunadamente, tenemos una tercera forma de determinar el tamaño óptimo de la posición. En el primer intento mantuvimos constante el número de piezas y en el segundo el tamaño de la posición. En el tercero intentemos la idea de mantener el riesgo constante. Tal vez esto nos traiga mejores resultados.

Así que, asumamos de nuevo que queremos tomar exactamente un 1% de riesgo por operación basados en nuestra cuenta de trading de $10.000 dólares. Eso es un riesgo de $100 dólares, que aceptamos por posición. ¿Cómo se ven los resultados bajo parámetros que de otra manera no cambiarían?

Posición	Entrada	Stop loss	Puntos hasta stop loss	Acciones	Riesgo	Tamaño de posición	Salida	Puntos	Suma	Cuenta
										$10.000,00
1	100	85	15	6	$90,00	$600,00	85	-15,00	-$90,00	$9.910,00
2	110	100	10	10	$100,00	$1.100,00	125	15,00	$150,00	$10.060,00
3	140	120	20	5	$100,00	$700,00	120	-20,00	-$100,00	$9.960,00
4	120	105	15	6	$90,00	$720,00	105	-15,00	-$90,00	$9.870,00
5	135	115	20	5	$100,00	$675,00	165	30,00	$150,00	$10.020,00
6	160	145	15	6	$90,00	$960,00	185	25,00	$150,00	$10.170,00
7	185	175	10	10	$100,00	$1.850,00	175	-10,00	-$100,00	$10.070,00
8	185	170	15	6	$90,00	$1.110,00	205	20,00	$120,00	$10.190,00
9	95	90	5	20	$100,00	$1.900,00	103	8,00	$160,00	$10.350,00
10	110	100	10	10	$100,00	$1.100,00	100	-10,00	-$100,00	$10.250,00
										$10.250,00

Figura 19: La variante de „riesgo fijo" también produce un resultado global positivo.

Aquí también estamos viendo un resultado positivo, que en sí mismo no es tan malo. Leamos entre líneas. ¿Bajo qué circunstancias se produjo este resultado? Hemos mantenido nuestro riesgo de posición casi constante en cada operación individual. Como no hay medias acciones, nos vimos obligados de nuevo a redondear el número de acciones y reducir un poco nuestro riesgo. Como resultado del riesgo constante, varía, tanto el número de unidades como el tamaño de la posición.

Al fijar el riesgo, obtenemos exactamente lo que necesitamos para nuestro trading. Un alto número de piezas cuando el *stop loss* está cerca de la entrada y un bajo número de piezas cuando el *stop loss* está más lejos. Dado que el riesgo siempre es el mismo, preservamos así la oportunidad de altas ganancias a través del correspondiente número variable de piezas.

¿Cómo será el resultado ahora si volvemos a convertir el octavo trade en un perdedor?

Posición	Entrada	Stop loss	Puntos hasta stop loss	Acciones	Riesgo	Tamaño de posición	Salida	Puntos	Suma	Cuenta
										$10.000,00
1	100	85	15	6	$90,00	$600,00	85	-15,00	-$90,00	$9.910,00
2	110	100	10	10	$100,00	$1.100,00	125	15,00	$150,00	$10.060,00
3	140	120	20	5	$100,00	$700,00	120	-20,00	-$100,00	$9.960,00
4	120	105	15	6	$90,00	$720,00	105	-15,00	-$90,00	$9.870,00
5	135	115	20	5	$100,00	$675,00	165	30,00	$150,00	$10.020,00
6	160	145	15	6	$90,00	$960,00	185	25,00	$150,00	$10.170,00
7	185	175	10	10	$100,00	$1.850,00	175	-10,00	-$100,00	$10.070,00
8	185	170	15	6	$90,00	$1.110,00	170	-15,00	-$90,00	$9.980,00
9	95	90	5	20	$100,00	$1.900,00	103	8,00	$160,00	$10.140,00
10	110	100	10	10	$100,00	$1.100,00	100	-10,00	-$100,00	$10.040,00
										$10.040,00

Figura 20: De nuevo, el octavo trade es un perdedor, ¡pero el resultado general sigue siendo positivo!

Mira el resultado. Ahora vale la pena mantener el riesgo constante. Entonces, no importa si el *stop loss* está más lejos o más cerca del punto de entrada. Y es por eso que con una buena administración del dinero, debes tener paciencia hasta entonces, se logran resultados positivos incluso si tenemos menos del 50% de éxito. ¡En este caso incluso llegamos a un resultado general positivo con una tasa de aciertos de apenas el 40%!

Por último, veamos el resultado que se produce cuando la operación número ocho es una operación de equilibrio, es decir que ni pierde ni gana.

Posición	Entrada	Stop loss	Puntos hasta stop loss	Acciones	Riesgo	Tamaño de posición	Salida	Puntos	Suma	Cuenta
										$10.000,00
1	100	85	15	6	$90,00	$600,00	85	-15,00	-$90,00	$9.910,00
2	110	100	10	10	$100,00	$1.100,00	125	15,00	$150,00	$10.060,00
3	140	120	20	5	$100,00	$700,00	120	-20,00	-$100,00	$9.960,00
4	120	105	15	6	$90,00	$720,00	105	-15,00	-$90,00	$9.870,00
5	135	115	20	5	$100,00	$675,00	165	30,00	$150,00	$10.020,00
6	160	145	15	6	$90,00	$960,00	185	25,00	$150,00	$10.170,00
7	185	175	10	10	$100,00	$1.850,00	175	-10,00	-$100,00	$10.070,00
8	185	170	15	6	$90,00	$1.110,00	185	0,00	$0,00	$10.070,00
9	95	90	5	20	$100,00	$1.900,00	103	8,00	$160,00	$10.230,00
10	110	100	10	10	$100,00	$1.100,00	100	-10,00	-$100,00	$10.130,00
										$10.130,00

Figura 21: Como se esperaba, el resultado general es positivo incluso con un trade en equilibrio.

Por supuesto, el resultado ahora sigue siendo positivo, al igual que en las dos versiones anteriores del análisis.

Todavía podemos profundizar en la idea del riesgo fijo. En nuestra variante hemos prácticamente congelado el riesgo en el monto inicial de nuestra cuenta de trading. Dentro de un cierto tamaño de cuenta, esto tiene perfecto sentido, ya que las pequeñas sutilezas en el rango de los centavos no pueden ser reproducidas, especialmente con las acciones, debido a la falta de capacidad para convertir los montos pequeños en dinero a número de acciones. Por supuesto, la situación es diferente a medida que la cuenta crece. Entonces es aconsejable no seleccionar el tamaño original de la cuenta como punto de referencia, sino siempre el actual. Esto refuerza aún más la ventaja del riesgo constante, por lo que preferimos hablar de „riesgo de porcentaje fijo".

Ya hemos notado al determinar el riesgo que tenemos un freno automático en caso de pérdida, ya que con una cuenta más pequeña la cantidad absoluta en riesgo y por lo tanto el tamaño de la posición se hace más pequeño. Lo único que permanece igual es el porcentaje de riesgo.

Esto nos permite crecer rápidamente en los buenos tiempos con varias ganancias seguidas, y ahorrar lentamente nuestra cuenta en los malos tiempos. No tenemos este efecto automático de pedal de freno y acelerador ni con la cantidad fija ni con el tamaño de la posición fija. Esta es también la razón por la que estas dos variantes conducen regularmente a resultados subóptimos. Veremos este efecto de nuevo en el último capítulo de este libro.

Por lo tanto, ¡utiliza la metodología del porcentaje fijo de riesgo y profesionaliza tu gestión de riesgos!

¿Cómo toman Rick, Anna y Peter nuestros hallazgos y los implementan en su práctica de trading? Escuchemos lo que Rick tiene que decir:

En mi opinión el stop loss tiene mucho sentido. Especialmente desde que entro al mercado de divisas con apalancamiento[16], para mí es importante limitar mi riesgo de acuerdo con esto. La mejor forma de hacerlo es a través de un análisis técnico. En realidad, siempre quise operar con cantidades fijas de $10.000 dólares, pero por supuesto, para mí fijar el riesgo tiene más sentido. Afortunadamente, mi corredor también me permite operar con posiciones muy pequeñas a través de mini y micro-lotes, para poder trabajar siempre con el mismo porcentaje de riesgo.

En el caso de Rick, se juntan dos puntos que debemos explicar con más detalle. Por un lado, Rick tiene „solamente" $5.000 dólares en su cuenta, pero opera con cantidades de $10.000 dólares o más. Esto es posible por el hecho de que el trading de divisas no se lleva a cabo en una proporción de 1:1, sino que se „apalanca" en una proporción de 1:100 o más. Esto permite, teóricamente, a Rick negociar 100 veces el capital que tiene disponible. Especialmente si actúa de forma apalancada, la gestión prudente del riesgo es para él una prioridad.

---

16   El apalancamiento (*leverage* en inglés) en el mercado de divisas equivale al margen explicado antes. El inversionista en divisas de ordinario debe únicamente depositar una fracción de la operación total en la que está invirtiendo (N. del T.)

Por otro lado, Rick habla de mini y micro-lotes. Muchos corredores en el mercado de divisas ofrecen denominaciones pequeñas y hasta muy pequeñas a los inversionistas, lo que les permite ajustar con precisión la gestión del riesgo y el tamaño de la posición. Esto les permite trabajar profesionalmente incluso con una cuenta relativamente pequeña.

¿Qué piensa Anna? ¿Cómo aborda ella la definición del tamaño de la posición óptima?

Como yo negocio principalmente con acciones o ETFs, el stop loss está generalmente lejos de mi punto de entrada en los gráficos semanales que yo uso. Esto probablemente me permitirá comprar solo unas pocas unidades de una acción. Por otro lado, esto también me permite colocar varias acciones y empresas en mi portafolio, lo que me da una mayor dispersión. Como trader a la defensiva, redondearé hacia abajo al determinar el tamaño de mi posición.

Anna plantea aquí otro punto interesante. Al comprar tamaños de posición más pequeños debido a *stop loss* más distantes, ella tiene la oportunidad de añadir más acciones diferentes a su cartera y así aumentar las posibilidades de ganancia. No hace falta decir que ella debe entonces prestar especial atención a su riesgo general.

Finalmente, escuchemos a Peter. ¿Qué piensa él?

Mi caso es relativamente simple. Por supuesto, llevaré a cabo mi análisis técnico de acuerdo con todas las reglas del arte. Prefiero colocar el stop loss un poco más lejos de mi entrada, para que no me hagan salir muy pronto. Después de todo, quiero darle al mercado una oportunidad de respirar. Esto también determina el tamaño de mi posición, pues voy decidiendo por cada posición.

Un breve resumen de los hechos más relevantes:

> La gestión de riesgos te ayuda a deshacerte a tiempo de los „asesinos del rendimiento" y a mantener tu base financiera.

> En la práctica, cuando ocurren pérdidas muy grandes, el camino de recuperación se convierte en una tarea casi imposible. Después de una pérdida del 50%, se debe lograr una ganancia del 100% para volver al punto de partida.

> A fin de poder continuar actuando, debes fijar una cantidad de riesgo por posición, que para ti sea mental y financieramente soportable. Esta cantidad se determina en función de tu cuenta, y varía regularmente entre el 1% y el 2% del monto de la cuenta.

> Además del riesgo individual, también es importante establecer una cantidad que limite el riesgo general. Al mismo tiempo, debes establecer un plan que indique qué hacer cuando se alcance esta cantidad.

> Para proteger tus operaciones contra pérdidas desproporcionadas, es necesario fijar un punto en el que ya no haya probabilidades de éxito. Este punto es tu *stop loss*.

> En la práctica, *el stop loss* se determina mediante marcas técnicas en la gráfica e idealmente se fija cuando se está iniciando la inversión, es decir cuando se abre la posición.

> El tamaño óptimo de la posición puede determinarse mediante el *stop loss* y el riesgo asumido por cada operación. El porcentaje de riesgo se fija en función de la cuenta de trading y del número de unidades que se van a negociar, mientras que la cantidad de capital que se va a utilizar puede variar de una posición a otra.

CAPÍTULO 3:
Gestión del Dinero

Hay una regla muy conocida por los traders que dice: „Limita tus pérdidas, deja que las ganancias corran." Está bien intencionada regla se la enseñan sobre todo a los inversionistas recién llegados a los mercados. ¿Pero es realmente una buen idea?

En la práctica, en casos extremos, tenemos que imaginar que los traders colocan una inversión, fijan su *stop loss*, y luego dejan que la operación se vaya dando. A menudo no tienen un objetivo concreto para su inversión. Las ganancias casi que se dan por azar.

¿Podemos considerar que esto es realmente una operación de un trader profesional?

Es indiscutible que la inversión necesita „aire para respirar" y libertad de movimiento después que uno la haya hecho. ¿Pero dejar que tu operación dependa del azar, y se vaya dando así como así?

Para que las ganancias se den como deseamos, necesitamos que haya una tendencia, que tenga solamente correcciones menores. Es precisamente en este punto donde la teoría se encuentra con la práctica: ¿Cuántas veces y durante cuánto tiempo tenemos tales tendencias, en comparación con los movimientos hacia arriba y hacia abajo propios de algunas inversiones?

Por esta razón, debemos examinar críticamente esta regla clásica del trading. ¿Qué sucede si queremos seguir esta regla en un mercado lateral[17]? En ese caso podrá ganar y perder pequeñas cantidades a medida que el mercado se mueva entre unos límites estrechos.

Con frecuencia esta estrategia se asemeja a un juego de azar y su resultado no es muy predecible. Cuando la operación funciona bien y se tiene una ganancia alta, la alegría es grande. Pero, por otro lado, sin embargo, puede haber varias inversiones que se han detenido entre una pequeña, ganancia, un punto de equilibrio, y una pequeña pérdida. En estos casos podemos decir que: „lo único que hemos tenido son gastos." Esto puede gustarle a tu corredor (que te está cobrando cada vez que haces una operación) pero es, por el contrario, muy molesto para el inversionista dedicado.

Además de no haber obtenido ganancias, hay otro punto. Imagínate que inviertes tu tiempo en el análisis técnico, identificando una acción interesante y abriendo una posición de acuerdo con tu estrategia. Tu idea de negociación funciona y ves como aumentan constantemente tus ganancias en libros. Como quieres dejar que las ganancias "corran", dejas que la inversión continúe. Y entonces sucede lo que debe suceder: el impulso que llevaba se debilita, el precio comienza a caer, y lo que antes era una respetable ganancia en libros se está derritiendo como mantequilla al sol.

Imagínate este escenario no solo una vez, sino en, digamos, la tercera parte de las operaciones que ejecutes. Ahora pregúntate:

> ¿Cuánto puedo seguir confiando en mi estrategia de inversión?

> ¿Cuánto puedo seguir confiando en mí mismo y en mi trabajo analítico?

---

17 Se dice que una acción está en un *mercado lateral* (*sideways market* en inglés), cuando su precio oscila dentro de un rango bastante estable durante un tiempo, sin mostrar ninguna tendencia clara. El precio de la acción oscila con una tendencia que puede llamarse horizontal, sin notables alzas ni bajas. Lo contrario de un mercado lateral es un mercado tendencial, o con tendencia (N. del T.)

> ¿Qué tan seguro es que quiera seguir invirtiendo?

> ¿Qué voy a hacer cuando tenga que invertir de nuevo?

Lo que con seguridad te va a quedar después de todo esto es mucha frustración. Por el tiempo invertido, por las ganancias perdidas y por las emociones cambiantes. Ya no te ayuda si de vez en cuando tienes una buena inversión en tus estadísticas y allí obtienes una buena ganancia. Te queda la frustración por las muchas veces en las que ya casi estabas tocando la ganancia y esta desaparecía en la nada. La situación simplemente va siendo demasiado grande como para construir una confianza estable en ti mismo y en tu estrategia comercial.

En última instancia, este enfoque terminará haciendo que esperes constantemente por el "gran ganador", el que va a compensarte todos tus esfuerzos y tus muchos fracasos pequeños. En este momento te dices a ti mismo: „Si en ese momento hubiera invertido en la acción XY, estaría muy bien ahora…" La pregunta que inevitablemente sigue a continuación es: „¿Y si hubieras invertido en ese gran ganador, en qué momento habrías salido de esa inversión? "

Un último punto completa nuestra discusión crítica. Al principio del libro, te preguntamos qué querías lograr con tu trading. ¿Recuerdas? Bien. En este punto, asumamos que lo que quieres hacer con tu trading es ganar dinero.

Pregúntate entonces: „¿Quieres ganar dinero dejándolo todo al azar o quieres tener mayor seguridad de tener ganancias continuas?"

En este punto, dejemos atrás lo relacionado con la gestión de riesgos y demos los primeros pasos hacia lo que es la gestión profesional del dinero, buscando objetivos concretos de ganancias y de obtención de objetivos.

De la Gestión de Riesgos a la Gestión del Dinero: ¿Qué Tiene que Ver la Limitación del Riesgo con la Determinación de las Ganancias?

Como parte de nuestro proceso de limitación de riesgos, habíamos indicado que el trading se basaba en probabilidades. Habíamos luego definido nuestro *stop loss* como ese punto del gráfico donde considerábamos que ya no existía la probabilidad de que nuestra idea de trading funcionara. Así evitábamos pérdidas desproporcionadas y al orientarnos hacia las probabilidades, considerábamos que ganábamos seguridad en la aplicación de nuestras decisiones comerciales.

Cuando se trataba de ganancias, nos enfrentábamos a la misma situación. Dejar que las ganancias ocurran significaba, a su vez, que estábamos operando en la incertidumbre. Ya sabemos que no podemos predecir el futuro. Y así como no sabemos *en qué* dirección se moverá el precio de una acción después que invirtamos, tampoco sabemos *hasta dónde* se moverá el precio en esa dirección.

Para tratar de lograr algo de certeza en esta situación de incertidumbre, podemos de nuevo aplicar el concepto de probabilidades. Utilizamos el análisis técnico para identificar el punto hasta dónde es más probable que llegue el precio.

Como regla general, podemos decir que los puntos más cercanos son los que tienen más probabilidades de ser alcanzados. Cuanto más lejos esté nuestro precio objetivo del precio que tenía cuando entramos, menor será la probabilidad de que se alcance en un futuro previsible sin corrección.

Para la planificación de nuestra inversión, esto significa que se puede esperar que se alcancen los objetivos rápidamente si están cerca, y se debe planificar que habrá correcciones si están más lejos.

Hay varios métodos para determinar el objetivo de ganancia. Veamos más de cerca dos de ellos. Uno aquí y el otro en la siguiente sección.

Recordarán que para determinar nuestro *stop loss* nos basábamos en el último mínimo después de una corrección en la tendencia inicial. Para la determinación de las ganancias seguiremos un camino similar.

Para nuestro objetivo de ganancia, estamos buscando un punto que se pueda alcanzar con un alto grado de probabilidad dentro del movimiento actual. Este suele ser el último máximo después de una corrección, o la resistencia más cercana en la tendencia. Dado que podemos esperar una contrarreacción en estos puntos, tiene sentido que se establezca aquí nuestro objetivo de ganancia.

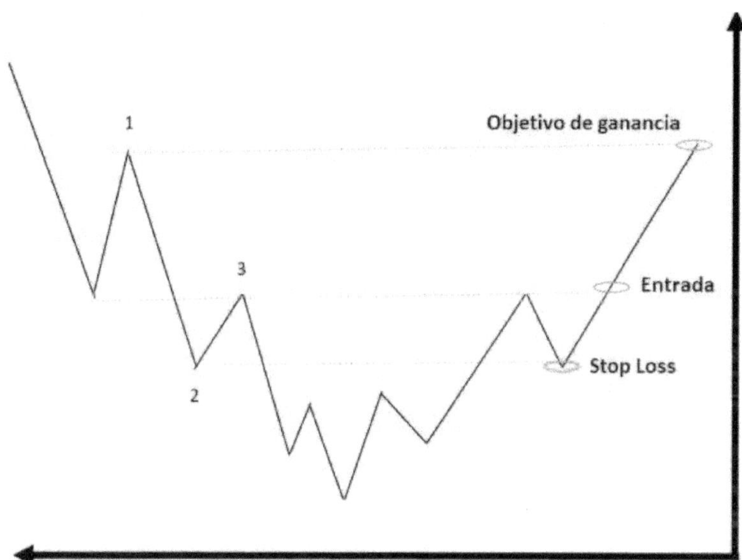

Figura 22: Definición de un objetivo de ganancia en una tendencia a la alza.

La figura 22 nos muestra el comportamiento típico de cualquier mercado con tendencia a la baja, con una formación de fondo y una inversión de tendencia. Viendo el pico que se alcanzó en el punto 1 y la corrección de seguimiento del soporte en el punto 2, podríamos asumir que quienes participan en este mercado tienen interés de comprar.

En nuestro caso, querríamos abrir la posición cuando el precio rompa la resistencia en el punto 3. Colocamos entonces nuestro *stop loss* en el punto 2, debajo del último mínimo, donde al mismo tiempo identificamos un soporte. Cuando entramos en una nueva tendencia y esperamos que se alcanzará un nuevo máximo, elegimos como objetivo la siguiente resistencia al alcance, que está en el punto 1. En este punto podemos, por lo menos, esperar una corrección temporal. Para asegurar nuestra ganancia, abandonamos la inversión en este punto.

También queremos salir de la incertidumbre y ganar seguridad para el caso de las ganancias. Incluso a riesgo de sacrificar en este punto una de las vacas sagradas del trading, solo puede haber esta recomendación:

¡Fíjate un objetivo concreto de ganancias y cuando llegues a ese punto, retírate y recoge tus ganancias!

Podemos ver cómo funciona esto en la práctica y revisar el caso de la inversión en dos divisas: GBP/USD (libras esterlinas y dólares de EEUU):

Figura 23: GBP/USD, gráfico diario (cada valor un día). Después de un descenso, el par de divisas está formando un fondo y está empezando a formar una nueva tendencia alcista. Fuente: www. tradingview.com

Vemos que después de una venta masiva hasta el punto 1, las dos divisas GBP/USD han tocado fondo en \$1,19583 dólares. Allí se estabilizan y suben a la línea de resistencia en \$1.25344 dólares, nuestro punto 2. Como era de esperarse, las dos divisas caen desde allí y forman un mínimo más alto en el punto 3. Como ya sabemos, esto por lo menos indica que hay un interés temporal de compra, que queremos utilizar para una operación. Colocamos nuestra entrada en \$1,25367 dólares, justo encima del punto 2. Fijamos nuestro *stop loss* por debajo del punto 3 en \$1,2190 dólares. Como objetivo, apuntamos a la zona que en el pasado ha formado una resistencia importante: el rango entre \$1,29755 y \$1,33281 dólares. Queremos salir allí de nuestra operación luego que obtengamos una ganancia.

Ahora puedes preguntarte por qué se eligió este punto en particular. Hay varias razones para esto. Por un lado, puedes ver que en el punto B el precio rebotó dos veces a la baja con un soporte en el punto A. Estos puntos limitan una zona en la que los precios oscilan durante un par de días, por lo que podemos verlos como una zona de potencial resistencia. En la zona de \$1,29755 dólares, donde se encuentra el soporte en el punto A, han ocurrido varias reacciones. Un subimpulso del soporte no fue permanente. Por esta razón, consideramos que la línea en el punto A debería construir una resistencia de alta probabilidad. Por lo tanto, son altas las posibilidades de que el precio rebote allí. Para mantener nuestras ganancias, saldremos de aquí con una parte, es decir, con la mitad de la posición. Por otra parte, el área alrededor del número redondo se considera particularmente reactiva, especialmente en el trading de divisas. Estas áreas, como la de \$1,33000 dólares, están bajo una particular observación por parte de muchos participantes del mercado. En esa zona también se encuentra la línea de resistencia en el punto B, donde ya han fracasado los compradores. Por esta razón, además, es aconsejable salir allí de la otra parte de la posición, para asegurarnos las ganancias que hemos acumulado.

A medida que continuamos, podemos ver que, después de la ruptura, fuimos capaces de tomar casi todo el tramo del ascenso. Lo que también podemos ver es que, luego de nuestra salida, se ha formado una consolidación que ha ofrecido, en el nuevo apoyo, al menos dos oportunidades de trading más interesantes.

Si comparas estas observaciones con la alternativa de „dejar que corran las ganancias", ¿dónde ves las mejores oportunidades para ganar dinero y aumentar tu cuenta de trading?

A través de varias operaciones exitosas, puedes también crearte confianza como trader. Esto contrasta con el caso del trader que, varias veces en este periodo, ha experimentado que sus ganancias en libros se han ido perdiendo y como resultado, lentamente comienza a dudar de sí mismo y de su estrategia.

Para la implementación técnica de tu estrategia, en la mayoría de las plataformas comerciales puedes introducir tu precio objetivo al mismo tiempo con tu orden de *stop loss* y colocar ambos en el mercado.[18] En esta forma vas a establecer dos „puntos límite" y cuando abras una posición, es decir cuando te decidas por una inversión, ya sabrás con cierta certeza el posible resultado de tu operación.

Ahora hemos reunido todos los componentes que necesitas para tener algo de certeza sobre el trading que estás haciendo. Al abrir una posición, es decir al decidirte sobre una inversión, ya sabes cuánto es lo máximo que puedes perder o ganar. Pero lo que todavía no sabes, es si esta inversión en realidad tiene sentido, o si más bien deberías esperar otra oportunidad. Resolvamos esto ahora.

¿Azar o Riesgo? ¡Cómo Mejorar la Calidad de tus Trades!

Uno de los componentes más importantes para el éxito duradero en el trading es la capacidad de separar las oportunidades prometedoras

---

18   Esto sucede entonces como una llamada orden de OCO: Una-Cancela-la-Otra (One-Cancels-Other). Si se activa una orden, la otra se borra automáticamente. Esto es para asegurarte que ninguna orden que abras permanezca por error en el mercado.

de las que no lo son, y que, de acuerdo con esto, entres o inviertas solamente en negocios que tengan un potencial de ganancia.

Desafortunadamente, esto no lo sabes de antemano y para tener al menos algo de certeza vas a tener que usar el concepto de probabilidades. Como ya hemos dicho, para cada operación debes fijar un objetivo de la ganancia que podrías alcanzar con cierta probabilidad. Por supuesto, no tiene sentido elegir un objetivo que esté cerca de la entrada para obtener apenas una ganancia rápida. Si procedieras de esta manera, podrías obtener varias pequeñas ganancias, que en cualquier momento podrían ser eliminadas por una sola pérdida. Es por esto que esta estrategia no se recomienda para el largo plazo.

Por esto, para un trade debemos comparar tanto su pérdida potencial como su ganancia potencial. Siempre asegúrate de saber qué quieres, ya que debes recibir una compensación adecuada por el riesgo que estás corriendo con tu inversión.

Esta relación entre riesgo y ganancia se define así, como la relación riesgo/ganancia, abreviada como RRR[19], e indica cuán alta es la ganancia en relación con el riesgo que estas asumiendo. El cálculo es muy simple:

$$RRR = \frac{Ganancia}{Pérdida}$$

Por ejemplo, si planeamos una operación en la que podemos obtener una ganancia de \$100 dólares y hemos definido que nuestro riesgo es de \$50 dólares, la relación riesgo/ganancia es entonces:

$$RRR = \frac{\$100}{\$50} = 2$$

---

19   Por sus siglas en inglés, *risk/reward/ratio* (N. del T.)

Si por el contrario nos conformáramos con una pequeña ganancia de $50 dólares, nuestra relación riesgo/ganancia sería:

$$RRR = \frac{\$50}{\$50} = 1$$

Como escenario final, podemos mirar cómo se ve la relación riesgo/ganancia si salimos con una pequeña ganancia de, digamos, $25 dólares, y si cerráramos nuestra operación apenas recibimos las primeras ganancias:

$$RRR = \frac{\$25}{\$50} = 0.5$$

A partir de esta relación riesgo/ganancia se puede ver cuándo un trade tiene sentido y cuándo no. Es como cualquier otra inversión: Si sabemos desde el principio que obtendremos menos de lo que estamos arriesgando, nuestra inversión entonces parece no tener sentido. La relación riesgo/ganancia expresa esta lógica en cifras.

Para interpretarla, esto quiere decir que lo mínimo que queremos es una relación riesgo/ganancia con una RRR = 1. Si la relación riesgo/ganancia es de menos de uno, estás asumiendo un riesgo mayor que el que te promete la inversión como ganancia. Además de esto, estás calculando probabilidades para el caso que ganes, pero por supuesto no estás seguro que realmente vas a obtener esa ganancia. En el caso de pérdida, calcula también las probabilidades, solo que en este caso ya sabes con certeza el máximo que puedes perder. Esta desventaja incorporada refuerza aún más la inconveniencia de invertir cuando la relación riesgo/ganancia es demasiado baja.[20]

---

20 De hecho, hay una serie de inconvenientes que hay que superar en cada operación. Estos son las comisiones ya mencionadas, la dispersión, y también un posible deslizamiento. Tienes que compensar todos estos puntos en tu camino a la victoria antes de que estés realmente obteniendo una ganancia.

En consecuencia, el requisito mínimo para la relación riesgo/ganancia debe ser de uno (1,0). En ese caso recibirás la misma cantidad que el riesgo que has asumido. En caso de pérdida, se borra inmediatamente la ganancia anterior. En definitiva, hay que tener mucho éxito para lograr resultados significativos con esta relación riesgo/ganancia.

Obviamente, entonces sería mejor elegir una relación riesgo/ganancia que sea significativamente más alta. En la práctica, deberíamos apuntarle a un valor de 1,5 a 2. Una RRR = 1,5 significa que si tienes éxito recibirás 1,5 veces el riesgo que estás corriendo.

Un ejemplo:

Asumiendo que realizas dos operaciones, una de los cuales es una ganancia y la otra una pérdida, y que has recibido una ganancia que es igual a la mitad de tu riesgo. Esto sobre todo tiene sentido porque estás asumiendo que tienes que esperar pérdidas en las operaciones en forma regular y planearlas explícitamente.

Esto quiere decir entonces, que para planificar tus inversiones no deberías embarcarte en aquellas donde, desde el principio, es obvio que la posibilidad de ganar es menor que el riesgo que estás corriendo. Desde una perspectiva de riesgo/ganancia, esto simplemente no tiene sentido. Una pérdida te va a hacer retroceder más de lo que una ganancia te haría avanzar.

Antes de discutir críticamente la relación riesgo/ganancia, demos un vistazo a la relación riesgo/ganancia que hemos planeado para nuestra operación en GBP/USD (libras esterlinas/dólares de EEUU):

Figura 24: GBP/USD, gráfico diario (cada valor un día). La relación riesgo/ganancia está marcada en nuestra operación y solo con una inspección visual se puede ver que la RRR es > 1. Fuente: www. tradingview.com

Habíamos planeado nuestra operación con una entrada en $1,25367 dólares, un *stop loss* en $1,21900 dólares y un objetivo en $1,29755 y/o $1,33000 dólares. ¿Cuál es la relación riesgo/ganancia?

El riesgo es:

$$Entrada - Stop\ Loss = Riesgo$$

$$USD\ 1.25367- USD\ 1,21900 = 3,467 = 346.7\ Pips$$

La ganancia prevista asciende a:

$$Objetivo - Entrada = Ganancia$$

$$USD\ 1.29755 - USD\ 1.25367 = 4,388 = 438.8\ Pips$$

El perfil de riesgo y recompensa es el siguiente:

$$RRR = \frac{4,388}{3,467} = 1.27$$

Vemos que la RRR es mayor que 1,0. Esto quiere decir que, en principio, la operación es factible. Si incluimos allí otros costos de una operación como las comisiones que hay que pagar, el margen[21] y la posibilidad que el resultado no sea el planeado, el llamado deslizamiento[22], la relación riesgo/ganancia se deteriora, y es aún un poco más baja. Por lo tanto, la operación sigue siendo factible, pero la regla es que no deberías invertir con una relación riesgo/ganancia tan baja.

Retomemos otro punto en este contexto. Por favor recuerden aquí nuestro cálculo del tamaño de la posición óptima. En ese caso habíamos dicho que solo teníamos cuatro ganadores en un total de diez operaciones. Sin embargo, aun así pudimos lograr un resultado positivo, asumiendo un porcentaje de riesgo constante. La razón era que las operaciones ganadoras eran mayores que las perdedoras. En cada caso la relación riesgo/ganancia era significativamente mayor que uno.

Para tu caso en particular, esto significa que no siempre tienes que acertar totalmente en tus análisis. Para lograr resultados generales positivos no es indispensable que todas tus operaciones cierren con ganancias. Pero tus ganadores tienen que ser mayores que tus perdedores. Allí radica todo el secreto. Suena muy simple pero en la práctica es mucho más difícil. Por esta razón, para abandonar una inversión también es correcto e importante tener un objetivo concreto que puedas alcanzar con un alto grado de probabilidad.

Cuanto más lejos esté este objetivo de tu punto de entrada, es menos probable que lo alcances en un tiempo razonable y sin correcciones significativas. Esto significará también que la probabilidad de

---

21 El *spread* o margen es la diferencia entre el precio de compra y el de venta. Por regla general, el precio de compra es inferior al precio de venta.

22 El *slippage* o deslizamiento se define como la ejecución de una orden que es peor que lo deseado. Esto puede ocurrir tanto al abrir como al cerrar una posición y, si las circunstancias desfavorables, puede empeorar significativamente los resultados.

alcanzar una relación riesgo/ganancia muy alta será también baja. Cuanto más elevada sea la relación riesgo/ganancia del objetivo, menor será la probabilidad de alcanzarla pronta y directamente.

Aquí también, debemos tener una discusión crítica. Con frecuencia oímos a inversionistas que dicen que solo invierten cuando la relación riesgo/ganancia es de al menos 3, 4 o 5. ¿Cuántas oportunidades crees que estarán perdiendo estos inversionistas en su camino hacia la gran ganancia? ¿Qué tan realista puede ser este objetivo?

Al planificar, ciertamente es correcto y fundamental identificar y definir las inversiones con grandes posibilidades. Sin embargo, también hay que estar atento a tomar las ganancias en el punto donde es posible que desaparezcan.

Por último, pero no por ello menos fundamental, cuando se examina una operación, no se trata únicamente de determinar el potencial que encierra, sino también de medir en retrospectiva la relación riesgo/ganancia que realmente has obtenido. Solo este punto es el factor decisivo. Y es esta consideración la que indica si un trader comercia con éxito o no lo hace.

Por lo tanto, cuando planifiques tus próximas operaciones, se recomienda que selecciones operaciones que te ofrezcan una relación riesgo/ganancia de 1,5 a 2, y donde veas probabilidad de lograr tus objetivos. En retrospectiva, en esos casos podrás de nuevo obtener ganancias en tus operaciones totales.

Ahora, algo que talvez ya lo habías adivinado. Hablamos de que fijes tus objetivos de ganancia a través de una relación riesgo/ganancia fija. Por ejemplo, si dices que siempre quieres invertir con una RRR = 1,5, estableces esto como tu objetivo de ganancia. Mediante el análisis técnico, deberías asegurarte de que también se presenta la probabilidad de alcanzar tu objetivo.

Por último, unas palabras sobre cómo manejar las probabilidades. Aunque hemos tratado sobre lo que parece probable y lo que no, no hemos considerado pruebas estadísticas concretas a este respecto. Eso desafortunadamente tampoco es posible. En el mundo del trading hay un número infinito de mercados, métodos, estilos de trading, productos y estrategias. Estos pueden combinarse a voluntad y aplicarse en una amplia variedad de plazos. Debido a esta variedad de posibilidades, no tiene sentido que tratemos de definir una consideración general de estadísticas rígidas. Así que, al final, tendrás que desarrollar y perfeccionar tu propia estrategia y actuar de acuerdo con tus necesidades y preferencias individuales. Si desde tu punto de vista no es muy probarle que obtengas un cierto objetivo de ganancia, esta es entonces una señal segura de que no deberías hacer esta inversión, o al menos de que te conformes con otro objetivo de ganancia. Esto no significa necesariamente que otro trader no tenga una opinión exactamente opuesta a la tuya en ese mismo momento, basado en sus propias condiciones personales y estrategias. Esto es importante, correcto y bueno. Después de todo, la multitud de opiniones de mercado, ideas de negociación, y las circunstancias individuales son las razones por las que finalmente se lleva a cabo el trading en los mercados financieros.

Por esta razón, considera las probabilidades como una ayuda para la toma de decisiones subjetivas que te ayudarán a llevar a cabo tus operaciones, de acuerdo con tus ideas personales y tus necesidades individuales.

Un breve resumen de los hechos más relevantes:

> Además de minimizar el riesgo, también debes hacer una planificación concreta de tus objetivos de ganancia.

> Especialmente en mercados volátiles, tiene sentido asegurar regularmente las ganancias que has acumulado.

> Al determinar las ganancias, pregúntate: ¿A dónde es más probable que vaya el mercado?

> La relación riesgo/ganancia, RRR, se puede calcular utilizando los componentes definidos de riesgo y ganancia, lo que indica la relación entre la ganancia y el riesgo asumido.

> Las operaciones con una relación riesgo/ganancia de menos de uno (1,0) tienen un riesgo demasiado alto, en comparación con la ganancia que se puede esperar y deberían evitarse.

> Vas a tener posibilidades más realistas con una relación riesgo/ganancia entre uno (1,0) y dos (2,0).

> Cuanto más se aleje el objetivo de ganancia del precio inicial, y cuanto más alta sea la relación riesgo/ganancia prevista, menor será la probabilidad de que el objetivo se alcance en un futuro cercano sin correcciones.

> Para el control del desempeño profesional, es más importante la relación riesgo/ganancia obtenida que la relación riesgo/ganancia prevista.

> Con una relación riesgo/ganancia mayor que uno (1,0), puedes permitirse tener algunos perdedores sin que tengas pérdidas en el total de tus operaciones.

CAPÍTULO 4

Gestión del Riesgo y del Dinero en la Práctica

Acciones, Divisas y Futuros: Cómo Aplicar Profesionalmente la Gestión de Riesgos y Dinero a tu Cuenta de Trading

¿Cómo puedes en la práctica aplicar a tus inversiones estos conceptos que estás viendo sobre gestión de riesgos y de dinero? ¿A qué necesitas prestarle atención y cuáles son los posibles cálculos y resultados? Visitemos a nuestros tres traders y miremos sobre sus hombros mientras ellos están planeando sus inversiones.

El primero es Rick, que como dijimos está operando con divisas. Él nos dice lo siguiente:

Yo ya había pensado en el riesgo que estaba tomando y he venido suponiendo que mis objetivos de ganancias altas generalmente se pueden alcanzar cuando uno invierte en divisas. Pero como también hay volatilidad en ese mercado creo que debería tener una buena relación riesgo/ganancia. Pero tampoco quiero esperar para siempre para obtener mis ganancias. Quiero entrar y salir rápido con mis ganancias. Por lo tanto, para mí tiene sentido una relación riesgo/ganancia de 1,5. Ya he llevado a cabo análisis técnicos en profundidad, ¡así que sé que voy a encontrar muchos ganadores potenciales!

Rick está tomando una decisión, y es bueno e importante que defina si quiere esperar a tener éxito o si más bien quiere obtenerlo rápidamente. También está insistiendo en que quiere actuar bastante agresivamente. Una relación riesgo/ganancia de 1,5 es lo suficientemente alta como para compensar las pérdidas sufridas. Si Rick está en lo cierto con su declaración y no solo espera muchos ganadores, sino que también los consigue, entonces sobre esta base conseguirá un buen progreso hacia su objetivo. Si, por otro lado, los perdedores son claramente la mayoría, entonces debe reconsiderar su cifra objetivo.

Rick también ha traído un trade que quiere presentarnos:

Figura 25: AUD/USD (dólares australianos y de EEUU), gráfico de 60 minutos (cada valor 60 minutos). Los puntos 1 - 7 marcan los respectivos máximos y mínimos dentro del movimiento de tendencia. El punto 6 marca el nivel de entrada, el punto 7 es el stop loss y el punto 8 marca el objetivo de la operación con una RRR = 1,5. Los rectángulos representan gráficamente la relación riesgo/ganancia. Fuente: www. tradingview.com

En mi análisis del AUD/USD, descubrí una buena oportunidad en el gráfico de 60 minutos. Identifiqué una tendencia inicial al alza que estaba a punto de establecerse después de formar un doble fondo. En el punto 1 encontré un mínimo, que fue seguido por un máximo en el punto 2. Con el punto 3 se formó un mínimo al mismo nivel que el mínimo 1, lo que para mí fue una primera señal de que podría haber tocado fondo. Cuando se alcanzó un nuevo máximo con el punto 4, seguido de un mínimo más alto en el 5 y una subida empinada al 6, decidí tomar el trade con la ruptura del último máximo en el punto 6. Y de hecho, ¡se formó un mínimo más alto en el punto 7! Con la ruptura del alto en el punto 6, mi configuración estaba completa y abrí mi operación!

Mi planificación asociada es la siguiente:

Rick	Tamaño de la cuenta	Riesgo por operación en porcentaje	Riesgo por operación en USD	Entrada	Stop Loss
	$5,000.00	1.0%	$50.00	$0.68833	$0.68610
Riesgo en Pips	Tamaño de la posición	RRR	Ganancia en Pips	Objetivo de ganancia	Ganancia en USD
$0,00223	$22.421,52	1.,5	$0,00354	$0,69188	$79,48

Figura 26: Rick está planeando su operación

Como el comercio de divisas es de 24 horas al día, en mi inversión he añadido una orden de cuándo parar de comprar, así que no tengo que esperar a entrar y tomar esta decisión manualmente. Al mismo tiempo, he fijado mi stop loss y mi objetivo después de la apertura, para estar cubierto a la baja cuando abra, y para poder tomar mis ganancias cuando estén al alza. En mis cálculos fijé el spread en dos pips, que añadí a mi objetivo. Mi corredor no cobra honorarios por el comercio de divisas, así que no tengo estos costos adicionales. Como el mercado de divisas es muy líquido, no he incluido un deslizamiento en forma de una mala ejecución.

Basado en mi cantidad de riesgo por operación puedo ir con un riesgo de $50 dólares. Si deduzco el precio en el stop loss del precio de entrada, llego a un riesgo de 22 pips. Con mi objetivo de una RRR = 1,5 esto resulta en una ganancia de 33 pips. Si añado el spread, es de 35 pips. Añado esto al precio de mi entrada y ya he calculado el precio en mi objetivo. Sin *embargo, el cálculo del tamaño de mi posición es uno de esos cálculos. Como tengo un poco más de $22.000 dólares disponibles como tamaño de la posición, me alegra que mi corredor también ofrezca posiciones pequeñas. Con dos mini y dos micro-lotes, puedo colocar en el mercado cualquier cantidad de hasta $421 dólares.*

Después de calcular mi objetivo, revisé el gráfico para ver qué probabilidad había de poder alcanzar mi objetivo. Tuve que darme cuenta de que en el camino a la línea de meta todavía había una resistencia esperando, donde la reciente tendencia a la baja llegó a un máximo más bajo. Aquí, al menos es probable una reacción a corto plazo o una pausa en la tendencia alcista. Sin embargo, asumo que el precio finalmente romperá esta resistencia, ya que la tendencia a la baja parece haber terminado. Si, en contra de las expectativas, la realidad va en contra de mi dirección preferida, estoy cubierto por si acaso por el stop loss.

Las operaciones han ido muy lentas después de la apertura. Inmediatamente después de que paré mi inversión, las cosas no salieron bien por un tiempo. Como era de esperarse, el movimiento hacia arriba hizo una pequeña corrección en el área de resistencia, pero afortunadamente no bajó. Después de esto el precio subió de nuevo seguido por dos correcciones más de precio y llegó luego a mi objetivo de ganancia. En retrospectiva, también podría haber alcanzado una RRR más alta, ya que después de mi salida el precio subió 10 pips.

Si se mira más de cerca la implementación del plan de Rick, la consecuencia será que tendrías que estar redondeando con regularidad tu posición hacia arriba o hacia abajo. Aunque en la planificación de Rick se especificó un tamaño de posición de $22.421 dólares, solo fue capaz de posicionar $22.000 dólares en el mercado con mini y micro-lotes. Aunque la diferencia no es muy grande, se refleja en los resultados. Tanto el riesgo asumido como la ganancia obtenida están ligeramente por debajo del plan, debido al tamaño de la posición ajustada a la baja. Esto demuestra que siempre hay que adaptar los cálculos a las posibilidades del mercado y del producto. En el curso de la operación, la paciencia de Rick fue puesta a prueba y tuvo que mantener la posición a través de varias correcciones de precios. Al final, vemos que también hubo que desarrollar una RRR moderada de 1,5.

¿Cómo se aproximó Anna, nuestra trader de posición a largo plazo, a su planificación?

Como yo tiendo a adoptar una visión a largo plazo, un objetivo de precio demasiado estrecho no tiene sentido para mí. Incluso creo que quiero darme a mí misma y a mi trade mucha libertad de acción para no tener que estar cambiando mis inversiones con demasiada frecuencia. Cuando capturo una tendencia, ¡quiero permanecer con ella tanto tiempo como sea posible! Por esta razón, he decidido fijar en 2,5 la relación riesgo/ganancia prevista. Esto está a menudo dentro de los límites de lo que es factible. Pero también sé que probablemente tendré que hacer aquí una o dos correcciones para lograr mi objetivo. Sin embargo, me siento bien con ello y este enfoque se adapta a mí y a mi actitud. Pongo un poco más de riesgo en la posición, pero también espero un poco más a cambio.

Anna ejecuta sus operaciones con los gráficos semanales, y por lo tanto establece automáticamente un plazo más largo. El objetivo regular de lograr una relación riesgo/ganancia de 2,5 es ambicioso y depende en última instancia del mercado y de la fuerza de la tendencia. Especialmente cuando se observa el gráfico semanal, hay algunas tendencias, pero no son muy perceptibles los altibajos a corto plazo de los gráficos diarios. Con un manejo adecuado de sus operaciones, Anna puede lograr buenos resultados con este enfoque.

Anna también quiere presentarnos un trade y nos comparte sus pensamientos:

Identifiqué una configuración interesante en el gráfico semanal de Apple (AAPL) e hice mis cálculos sobre ella:

Figura 27: APPLE INC (AAPL), gráfico semanal (cada valor una semana). Los puntos 1 - 4 marcan los respectivos máximos y mínimos dentro del movimiento de tendencia. El punto 5 marca la entrada, el punto 4 es también el stop loss y el punto 6 marca el objetivo de ganancia del trade con una RRR = 2.5. Los rectángulos representan gráficamente la respectiva relación riesgo/ganancia. Fuente: www. tradingview.com

Desde octubre de 2016, AAPL ha tenido una tendencia alcista a largo plazo, moviéndose constantemente al alza. Después de que en octubre de 2018 tuvo una fuerte corrección desde el punto 1, y dos meses después alcanzó el punto 2, la acción de AAPL subió de nuevo al punto 3, y luego volvió al punto 4, un mínimo más alto. Para mí, esta fue la primera señal de que podía mirar estas acciones más de cerca. Cuando AAPL se dirigió de nuevo hacia arriba después de la corrección de precios al punto 4, decidí deja a un lado la resistencia y entré en el punto 3

Mis cálculos, por consiguiente, son los siguientes:

Anna	Tamaño de la cuenta	Riesgo por operación en %	Riesgo por operación en USD	Entrada	Stop Loss
	$25.000	1,50%	$375	$216	$166
Riesgo por acción	Tamaño de posición	RRR	Ganancia en Pips	Objetivo de ganancia	Ganancia en USD
$50	7,5	2,5	$125	$341	$938

Figura 28: El cálculo de Anna

He decidido tomar un riesgo del 1,5% en mi cuenta de trading. Actualmente esto representa $375 dólares. Si en mis cálculos tomo mi punto de entrada en $216 dólares y el stop loss en $166 dólares, podría comprar siete acciones. Como no hay medias acciones, tengo que redondear hacia abajo.

Sin embargo, al analizar el gráfico me di cuenta de que mi objetivo calculado con una RRR = 2,5 a $341 dólares es un múltiplo de un máximo histórico, *por lo que ciertamente tendré que ajustarme a varias correcciones. La probabilidad de una reacción es muy alta, especialmente en el área del máximo anterior y también en el número redondo a $300 dólares. Sin embargo, me mantengo allí. Definitivamente quiero invertir y tomar una posición, no solo porque me gustan sus productos, sino también porque creo que Apple todavía está muy por delante de sus competidores. Estoy bien cubierta por mi stop loss y puedo seguirlo en mi gestión operativa.*

Resulta que AAPL pasó por el último máximo sin detenerse un momento. Aunque no se produjo la corrección de $300 dólares, las acciones se dirigieron fuertemente hacia mi objetivo de ganancia. Aunque todavía me faltan algunos dólares, estoy segura de que AAPL alcanzará mi objetivo de ganancias sin importar lo que pase. Para asegurarme de que mis ganancias permanezcan en mis bolsillos, estoy manejando la operación con un stop loss más ajustado e incluso movible.

Lo que todavía tengo que deducir de mi ganancia son las comisiones por cada entrada y salida. Como soy una inversionista a largo plazo, el spread de 0,02 euros[23] por acción es para mí muy pequeño.

Anna sigue estando confiada y paciente en todo el negocio. Ha llevado a cabo el análisis de su operación en forma concienzuda y ha limitado estrictamente el riesgo y ha asegurado sus ganancias. Una pérdida no la sacaría del juego. Por lo tanto, no hay razón para que Anna dude o se disguste. Como operadora de posición, ella tiene un horizonte de tiempo más largo, como puede verse por la duración de su operación de seis meses. Que las correcciones se produzcan durante un período de retención de varios meses es normal y es parte del trading. Que no ocurran también ocurre de vez en cuando.

Por último, pero no menos importante, Peter quiere discutir con nosotros su idea de trading y su planificación. ¿Cuál es la planificación para este nuestro trader en futuros?

Para mí es básico que se me compense adecuadamente por el riesgo que estoy corriendo. Por lo tanto, para mi es apropiada una relación riesgo/ ganancia de 2,0. Así podré salir de nuevo del mercado y no correré el riesgo de sufrir pérdidas debido a circunstancias adversas.

Antes de proceder, hablemos por un momento de las lagunas que quedan. Por lo general los inversionistas regularmente corren el riesgo de ser sorprendidos por un „gap" o sea una diferencia de precios en las posiciones durante la noche. Para un operador que especula con la subida de los precios, un gap solo quiere decir que el precio de apertura en la mañana puede ser significativamente más bajo que el precio de cierre del día anterior. En este caso hablamos de un „gap" hacia abajo. Para un operador que especula con precios a la baja, este gap ocurriría si el precio de la mañana está por encima

---

23   Para la entrada de Anna, el precio de compra es de $216 dólares y el precio de venta es de $216,02 dólares. Para la salida de Anna, el precio de compra es de $341 dólares y el de venta es de $341,02 dólares. Los operadores compran al precio de venta y venden al precio de compra.

del precio de cierre del día anterior. El sinónimo de esto es entonces un "gap" a la alza.

Todos los traders que mantienen sus posiciones durante la noche corren el riesgo de estos "gaps" en los precios. Aquí también se aplica lo siguiente: Cuanto más a corto plazo se posicione, mayor será el impacto de un gap de precios en su operación. Por ejemplo, si como Anna estás planificando tus operaciones en un gráfico semanal, a menudo no notarás ningún gap de precios en el mercado. Por otro lado, si al igual que Rick planificas tus operaciones con un gráfico de 60 minutos, entonces un gap nocturno de precios puede tener un fuerte impacto en tu gestión de riesgos. Posteriormente, puedes salir de tu posición a un precio significativamente peor porque tu orden de stop loss se ejecutó a un precio significativamente menor del que habías planeado.

Por consiguiente, la existencia de brechas o gaps en los precios son también una buena razón para que diseñes tu gestión de riesgos a la defensiva y no la agotes hasta el último centavo.

Volvamos a Peter. *Me gustaría presentar una operación de futuros en oro. De acuerdo con el tamaño de mi cuenta, he elegido el e-Micro, que opera en el Comex.*

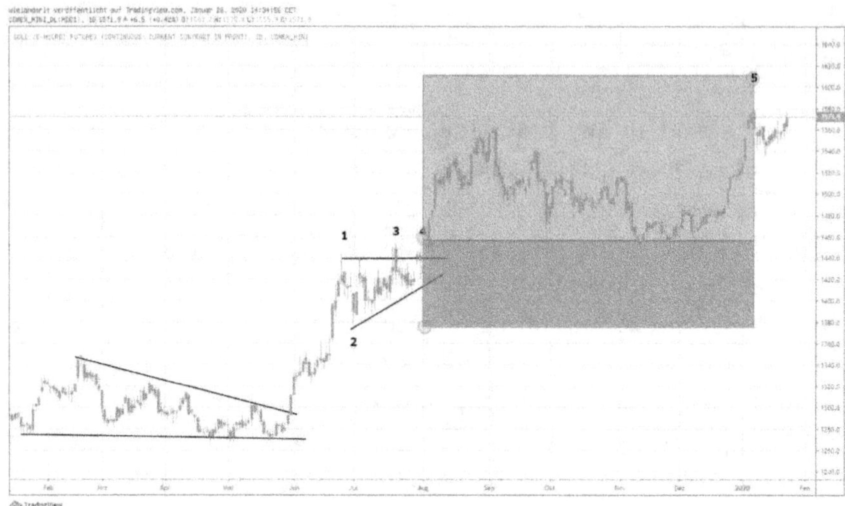

Figura 29: MICRO ORO FUTURO MGC, gráfico diario (cada valor un día). Los puntos 1, 3, 4 marcan los máximos iguales que forman una resistencia y el punto 2 es el mínimo del triángulo ascendente. El punto 4 marca la entrada, el punto 2 marca el stop loss y el punto 5 el objetivo de ganancia calculado de la operación. Los rectángulos representan gráficamente la respectiva relación riesgo/ganancia. Fuente: www. tradingview.com

Tras la ruptura del triángulo descendente, el oro ha subido al punto 1 y ha hecho una corrección de precio al punto 2 después de que ese precio alcanzara un máximo más o menos igual en el punto 3. La siguiente corrección no llegó tan lejos como la anterior y también la siguiente después de alcanzar el punto 4. Con todo, se formó un triángulo ascendente y tuve la idea de seguir la tendencia establecida cuando el precio rompiera la zona de resistencia.

Aquí está mi cálculo para mi operación:

Peter	Tamaño de cuenta	Riesgo por operación en %	Riesgo por operación en USD	Entra	Stop Loss
	$15.000	0,75%	$112,50	$1.455,30	$1.377,40
Riesgo por lote	Tamaño de posición	RRR	Ganancia en ticks	Objetivo de ganancia	Ganancia en USD
$77,90	1,44	2	$156	$1.611	$225

Figura 30: Peters planeando su operación con oro.

En mis cálculos, procedí de forma que primero busqué las marcas correspondientes en el gráfico para mi entrada, mi stop loss y mi objetivo. El objetivo fue fijado por mi relación riesgo/ganancia que había planificado en 2, y no pude encontrar ninguna resistencia significativa en el camino. Si el oro sigue con su tendencia alcista, entonces probablemente tendré que soportar algunas correcciones en el camino hacia el objetivo de ganancia, pero estoy bien protegido en la parte baja. Como resultado, los puntos de acción fueron fijados para mí. Por supuesto, no podía comprar fracciones de futuros, así que redondeé mi pedido a un futuro. Es mejor estar seguro que arrepentido. Después que abrió la operación, inicialmente el oro subió y creí que sería muy fácil. Pero después de llegar a la zona alrededor de $1.540 dólares, el precio se desvió durante mucho tiempo y más de una vez me vi de nuevo en mi punto de entrada. No es la mejor sensación, puedo decirlo. Pero después de todo, me mantuve firme y apreté los dientes. Entonces, de repente, después de probar la zona de la parte superior y hacer un soporte, el precio subió y alcancé mi objetivo de ganancia.

Luego de revisar las conclusiones teóricas de las partes y secciones anteriores, hemos podido seguir en la práctica las ideas de nuestros tres traders sobre su forma de invertir, ya que nos han informado sobre sus diferentes experiencias. En el caso de Rick, él tuvo que pasar por varias correcciones de precios, a pesar que su objetivo de ganancia no era tan alto. Esto demuestra que un objetivo de ganancia alta es alcanzable cuando hay alta volatilidad. Pero si no la hay, puede tomar bastante tiempo hasta que el precio alcance el objetivo de ganancia, como fue la experiencia de Rick con su operación.

Anna planeó a largo plazo y se fijó una meta muy alta con su alta relación riesgo/ganancia. Tuvo mucha suerte en el curso de la operación, ya que la acción AAPL subió en forma directa y sin ninguna corrección de precios hacia su objetivo de ganancia. A pesar de que sigue con sus inversiones, mediante su operación estricta se ha asegurado de guardar una parte considerable de las ganancias que ha acumulado.

La experiencia de Peter ha demostrado que se necesita un buen plan y nervios de acero para mantener su operación. Después de un buen comienzo tuvo que pasar por una fuerte corrección, que eliminó la ganancia contable que el oro había obtenido hasta ese momento. En este punto, muchos operadores se inquietan y corren el riesgo de cerrar sus posiciones antes de tiempo. Peter, sin embargo, se aferró a su plan y por esa misma razón tuvo éxito al final. En este sentido, la planificación profesional de una operación es el requisito básico para mantener los nervios durante la ejecución.

Un breve resumen de los hechos más importantes:

> Incluso una baja relación riesgo/ganancia planificada puede requerir más tiempo del previsto para su realización.

> A menudo, el tamaño que has calculado para tu inversión no puedes colocarla por entero pues no es posible dividir los instrumentos en los que has decidido invertir (no es posible comprar media acción por ejemplo).

> Para lograr una alta relación riesgo/ganancia se deben considerar correcciones. Va a tener que pasar por ellas si quieres alcanzar tu objetivo.

2
PARTE

De Ser un Profesional a Convertirse en un Gran Trader

CAPÍTULO 5:
Gestión del Riesgo y del Dinero al Cuadrado

En realidad, ya sabes todo lo que necesitas saber para dar con éxito tus primeros pasos en los mercados financieros. Por lo menos nadie te volverá a engañar cuando se trate de limitar tus riesgos y asegurar tus ganancias. Por supuesto, puedes profundizar en tu conocimiento del análisis técnico de los gráficos o aprender más sobre tu propia personalidad como operador. Pero en realidad, ya tienes las herramientas para convertirte en un operador rentable.

Aprovechemos la oportunidad de profundizar el conocimiento existente y llevarlo al siguiente nivel. Cuando se trata del manejo del dinero, se trata de algo más que „solamente" proteger las ganancias. En esencia, el manejo del dinero significa eso: administrar tu dinero, el capital que tienes disponible. Por consiguiente, el objetivo de la gestión profesional del dinero debe ser combinar los factores que influyen en tus operaciones, de manera que se obtengan los mejores resultados posibles en la totalidad de tus operaciones.

Has llegado a conocer e internalizar algunos de estos factores de influencia y ya los estás aplicando con éxito. Limitar tu riesgo es parte esencial y fundamental de esto, pero también lo es el decidir sobre la relación riesgo/ganancia de cada operación. Con esto en mente, ahora estamos finalmente uniendo la gestión del riesgo con la gestión del dinero.

Hay dos puntos más que debemos considerar primero para completar nuestro cuadro general. Para ello, dejaremos a un lado la consideración del inversionista individual y examinaremos más de cerca la suma de las operaciones en un período general.

Cuantos Más, Mejor... ¿Qué Influencia Tiene la Precisión de tu Análisis y el Número de Operaciones en tu Éxito Comercial?

Anteriormente hemos concentrado nuestras consideraciones en la planificación y ejecución de operaciones individuales. Pero en la práctica uno no hace una sola inversión y con eso termina su carrera como trader. Dependiendo del estilo que elijas, puedes abrir y cerrar varias posiciones en un solo día. Sin embargo, sin duda mirarás hacia atrás sobre los resultados obtenidos a final de mes y definitivamente a final del año.

Es apenas lógico que si haces varias operaciones, no solo tengas ganancias, sino que en forma regular también en algunas tengas pérdidas. Esto es perfectamente normal y es parte del trading. Las pérdidas son parte del negocio. Este hecho debes aceptarlo. Para obtener una impresión concreta de tus resultados a mediano y largo plazo y también para obtener puntos de partida exactos para la mejora de tus resultados personales, te recomiendo en este punto que mantengas registros detallados de tus resultados. Crea tu propio diario personal de operaciones en el que anotes los puntos clave más importantes de tus operaciones. Estos deberían ser:

1. Datos del producto negociado:
    > Nombre o símbolo de la acción, ETF, par de divisas o activo en general

    > Dirección del trade: largo o corto plazo

    > Descripción de la estrategia operativa

    > Moneda del activo

2. Datos iniciales:

   > Número de unidades

   > Fecha

   > Precio de entrada

   > Tamaño de la posición

   > Comisiones

3. Datos de planificación:

   > *Stop Loss*

   > Objetivos de ganancia

   > Relación riesgo/ganancia prevista

4. Datos de salida:

   > Número de unidades

   > Fecha

   > Precio(s) de salida

   > Valor de la posición

   > Comisiones

5. Evaluación de la inversión:

   > Período de retención

   > Ganancias/pérdidas realizadas por unidad

   > Total de ganancias/pérdidas realizadas

   > Relación riesgo/ganancia real

6. Estadísticas totales:

   > Total de inversiones ganadoras

   > Inversiones perdedoras

   > Relación riesgo/ganancia general

> Número de operaciones ejecutadas

> Ganancia/pérdida total

Puedes ampliar esta lista como lo desees añadiendo otras informaciones y evaluaciones estadísticas que consideres importantes. Sin embargo, para nuestras consideraciones, los puntos anteriores deberían ser suficientes. Con solo estos puntos ya puedes reunir conocimientos fundamentales para tus operaciones. Entre otras cosas, puedes ver en blanco y negro cuántos ganadores y perdedores han encontrado su camino en tus operaciones en un período determinado.

Podemos comparar los ganadores y perdedores dentro de un período, por ejemplo un año, para revisión posterior. Podemos determinar cuántos ganadores tenemos respecto al total, que será nuestra tasa de aciertos:

$$\frac{Número\ de\ trades\ con\ ganancias}{Número\ total\ de\ trades} = Tasa\ de\ aciertos$$

La tasa de aciertos te dice con qué probabilidad histórica tu estrategia lleva una inversión a ser ganadora o perdedora. Así tienes al menos una visión parcial de la calidad de tus operaciones y de tu análisis.

En la práctica, muchos traders suelen concentrarse intensamente en lograr la mayor tasa de aciertos posible. Esto se convierte rápidamente en la medida de todas las cosas. Cuanto más alto, mejor.

¿Cómo deberíamos juzgar este enfoque? ¿Es la tasa de aciertos realmente la medida de todas las cosas?

Supongamos que hablas con un trader que te dice que su tasa de aciertos es de 99%. 99 de cada 100 operaciones son ganadoras. ¿Estás hablando con un buen trader? ¿Un talento excepcional? ¿Un maestro de su profesión?

No lo sabemos. Tampoco con ese solo datos podemos saberlo. Porque para juzgar si un trader con un alto índice de éxito es un buen trader, tendríamos que darle un vistazo tras bastidores. La pregunta que habría que responder en este contexto es bajo qué circunstancias se logró este resultado.

Imagínate que este inversionista te dice que no practica la gestión de riesgos. *Yo no necesito un stop loss, tengo una tasa de aciertos del 99%.* O: *Lo que cuenta para mí es el tamaño de la posición óptima. Tengo una tasa de aciertos del 99%.* Estoy seguro de que ya ves a dónde va esto. Bajo estas circunstancias, incluso una sola operación de pérdida de estas 100 lo puede llevar a una pérdida total de su capital.

Así que, la próxima vez, por favor pregunta críticamente bajo qué circunstancias se logró esa alta tasa de aciertos. Solo entonces obtendrás el cuadro completo.

Tal vez te preguntes ahora qué tan alta debe ser la tasa de aciertos para poder actuar con éxito. No puede haber una respuesta definitiva a esta pregunta hasta que no hayamos examinado las circunstancias. Solo podemos decir esto: Incluso con una tasa de aciertos inferior al 50%, puedes convertirte en un trader muy exitoso y altamente rentable. Ya hemos establecido esto al derivar el tamaño de la posición óptima.

El siguiente punto encaja con esto. Supongamos que de hecho tienes una tasa de aciertos menor de 50%. ¿A qué necesitas prestarle especial atención en el momento de seleccionar y planificar sus posiciones? Obvio. Tienes que asegurarte de que con cada trade ganador obtengas del mercado mucho más de lo que vayas a dejar en el mercado con una inversión perdedora. Aquí es donde la relación riesgo/ganancia entra en juego de nuevo.

Usemos la tasa de aciertos para discutir algo más fundamental. La tasa de aciertos describe el porcentaje de inversiones ganadoras en el resultado general. Por lo tanto, a la inversa, también el número de perdedoras.

Demos en este punto un vistazo general a la situación de las pérdidas. ¿Y qué hay sobre ti mismo? ¿Te gusta perder? ¿Puedes echarte atrás, retroceder? Después de una pérdida, ¿puedes de inmediato seguir adelante?

Por naturaleza no nos resulta fácil lidiar con las pérdidas. Ya hemos discutido esto cuando estábamos limitando los riesgos. Por eso introdujimos el *stop loss*, para que nos protegiera de las altas pérdidas y así hacer nuestro riesgo predecible y calculable.

En general ¿Qué quiere decir perder? No siempre tiene que tratarse de perder dinero. Perder puede ser varias cosas. Por ejemplo, puedes perder en una discusión. O perder el partido de fútbol del que hablamos antes. Todos sabemos cómo nos hace sentir esto. Y también sabemos que haremos lo posible para evitar perder la próxima vez, para poder estar de nuevo en el grupo de los ganadores.

Lo que es de verdad correcto e indispensable en la vida normal, en las inversiones es exactamente lo contrario. En el trading, las pérdidas no son otra cosa sino parte del juego. Son parte del todo y no podemos evitarlas. Es por eso que en el trading lo fundamental siempre es el rendimiento general. Un solo trade no determina si tu gestión es la adecuada. Ni en una dirección ni en la otra. Por eso tu objetivo debe ser lograr un resultado positivo en la suma total, no en una sola inversión.

Al llegar a este punto debemos preguntarnos en primer lugar por qué se dan las pérdidas y quién es responsable de ellas. Estoy seguro de que hay varias razones. Las razones se encuentran, por un lado, en el mercado, pero, por otro lado, también en nosotros mismos. A menudo la respuesta es una combinación de ambas razones.

Echemos un vistazo a una situación típica que ocurre todos los días en innumerables salas de trading:

Imagínate que has abierto una posición después que has hecho una investigación y análisis profesional y has colocado tu *stop loss* y tu objetivo de ganancias. El precio comienza a moverse en tu dirección; tu posición parece que va a ser una ganadora y crees que te has anotado un "jonrón," cuando de repente el precio gira, y lenta pero inexorablemente comienza a acercarse a tu precio de entrada. La inversión amenaza con ir en la dirección equivocada y después de que no retiraste a tiempo tus ganancias, ahora parece que vas a tener pérdidas. Debes decidir entre parar la pérdida o no, pero ese no era el resultado que querías. Decides cerrar la posición, es decir retirarte y salir del mercado en el punto de equilibrio. ¿Te suena esto familiar?

Terminó el trade aunque no se tocó ninguna de tus piedras angulares. Al final, tú mismo te saliste del mercado. ¿Por qué? Porque a nadie le gusta perder. Especialmente no en una sola operación. Pregúntate: ¿Qué significa cuando pierdes en el trading? No solo significa que vas a perder dinero, sino que además, y obviamente, que habías hecho una predicción equivocada. Por lo tanto, es mejor tirar de la cuerda (del paracaídas) y salirte de la inversión antes que las pérdidas se acumulen, ¿o no? Podríamos llamar a este enfoque salir sin quedar mal y sin perder dinero.

De esta manera, un ganador potencial se convierte en un perdedor seguro que también ha sido causado por uno mismo.

Profundicemos aún más en esta cuestión. ¿Quién decide si tus operaciones son ganadoras o perdedoras? ¿Eres tú o es el mercado? Por supuesto, únicamente hay una respuesta razonable a esto: ¡el mercado decide el resultado de tus operaciones! Punto. Pero entonces surge una pregunta: ¿Por qué muchos traders evitan que el mercado tome esta decisión y la eligen arbitrariamente ellos mismos?

Recuerda: Después de que has hecho una inversión, quien manda es el mercado. Tu *stop loss* te da cierta protección contra el peor de los casos y con esto has ganado algo de seguridad sobre el resultado. No puedes influir en la dirección futura de la posición. Solo puedes dejar que la operación siga, y manejarla adecuadamente.

La pérdida está siempre relacionada con la desagradable pregunta sobre la responsabilidad de la pérdida. ¿Quién crees que es responsable de tus pérdidas? ¿Fuiste tú, fue el mercado, o fue una anónima tercera persona? Esto también es fácil de responder. ¡Eres siempre tú! El mercado no va a hacer inversiones a nombre tuyo, y esperemos que un tercero anónimo tampoco las vaya a hacer. Presiona el botón: ¡Comprar! ¡Vender! Por lo tanto, tú tienes que asumir la plena responsabilidad de tus operaciones.

Si ya hiciste tu análisis técnico y de mercado según tu leal saber y entender y la gestión del trade fue de acuerdo con tu plan, no tienes que culparte si el trade se convierte en un perdedor. No hay manera de justificarte. ¡Asume la responsabilidad de tus acciones! Solo tienes que darte cuenta de que no puedes o no debes tener siempre el 100% de la razón.

Hablando de responsabilidades personales, muchos inversionistas buscan asesoramiento en foros, clubes o comunidades, en los que obtienen análisis, señales y estrategias para sus operaciones. Este enfoque puede ser útil para tus inversiones, pero por supuesto, de ahora en adelante no van a ser ellos los responsables. Porque independientemente de cuál sea el origen de tu idea de negociación, la ejecución de ella sigue siendo exclusivamente tu responsabilidad. Por lo tanto, en este contexto, tienes que poner en práctica tus propias ideas de negociación y al mismo tiempo actuar con plena responsabilidad.

Tienes que aprender a manejar las pérdidas y a aceptar que perder es simplemente parte integral de un trading exitoso. Al principio del libro hablamos en este contexto de los costos. Por supuesto, quieres mantener los costos bajos, pero no puedes evitarlos. Y teniendo esto en cuenta, en el trading también tienes que enfrentar las pérdidas.

Si en el análisis de tus estadísticas comerciales te das cuenta de que tus pérdidas acumuladas son mayores que tus ganancias acumuladas, entonces, por supuesto, es necesario tomar medidas. Es necesario analizar qué ajustes deben hacerse para que la tasa de aciertos vuelva a estar a tu favor.

Por lo tanto, la tasa de aciertos es un componente importante en tu estrategia de administración del dinero, para analizar y optimizar tus resultados.

En resumen, la tasa de aciertos nos da una buena indicación de cómo le va a la victoria y a la derrota en el panorama general. Pero por sí sola, no es significativa.

Además de considerar el riesgo que debes asumir en cada operación, la relación riesgo/ganancia y la tasa de aciertos, necesitamos un cuarto elemento para completar nuestro análisis.

En el primer capítulo del libro vimos los diferentes estilos de trading. Hemos llegado tan lejos que hemos alineado nuestra exposición al riesgo de acuerdo con los diferentes estilos de negociación. Nuestro cuarto elemento está al menos parcialmente relacionado con los estilos de operación. Porque lo que a primera vista distingue los diferentes estilos de trading es el número de posiciones que se abren o se cierran en un periodo dado. Un operador intradía opera con mucha más frecuencia que un operador de swing o incluso que un operador de posiciones. El operador intradía opera en el curso de una semana talvez más veces que el trader de posición en un año.

Aquí también podemos preguntarnos si podemos sacar conclusiones sobre la calidad del trader, observando el número de operaciones que realiza. A estas alturas ya sabes a dónde apuntamos con esta pregunta. Por supuesto que no podemos concluir mucho. Necesitamos más información para evaluar correctamente el número de operaciones ejecutadas, y es la frecuencia de las mismas.

Si oímos, por ejemplo, de un trader de posición que ha realizado 300 operaciones en un año, entonces esta declaración puede hacernos reflexionar. Si escuchamos la misma declaración de un operador intradía, entonces esta cifra nos parece completamente natural; tal vez habríamos esperado aún más.

Sin embargo, podemos obtener aún más información si observamos la frecuencia de las operaciones. Si un trader ejecuta 300 operaciones al año, se plantea la pregunta de hasta qué punto su gestión de riesgos está orientada a esto. ¿Cómo es el riesgo de su posición individual y cuál es su riesgo en general?

Al principio de sus carreras muchos traders no piensan en estas conexiones. Como ahora es tan fácil el acceso a los mercados financieros, tan fácil como ordenar un libro, quienes comienzan a invertir corren el riesgo de precipitarse con demasiada rapidez a los mercados. Con unos pocos clics abren una cuenta, invierten en las primeras posiciones que encuentran y unas pocas operaciones exitosas, ya están felices invirtiendo en el mundo del trading. ¿Pérdida de control? ¡Incorrecto! ¿Objetivo de ganancias? Bueno... ¿Tamaño de la posición? Es un poco diferente. Puedes imaginarte a dónde va alguien que no tienen en cuenta nada de esto. Y por eso hemos dicho que es fundamental tomar en cuenta la gestión de riesgos y por eso hemos dicho que es esencial que aprendiéramos los elementos individuales de la gestión profesional del dinero.

Reunamos ahora estos cuatro elementos y no los veamos más de manera aislada, sino en interacción con cada uno de ellos.

Confía en tus Estadísticas... La Importancia del Riesgo, la Relación Riesgo/ganancia, la Tasa de Aciertos y la Frecuencia de las Operaciones en la Práctica

Una vez presentados nuestros cuatro elementos, podemos profesionalizar nuestra gestión del dinero y evaluar, en ese contexto, los resultados de nuestra operación.

Comencemos revisando lo que tiene que ver con el riesgo. Parte esencial de nuestras consideraciones consiste en limitar el riesgo que estamos corriendo, y es el único modo de asegurar tu éxito a como trader a largo plazo. Pero si te limitas a solamente limitar tu riesgo, no vas a llegar muy lejos. Si dices que tu riesgo es el 1% de tu cuenta, estás limitando tu riesgo, pero eso es todo lo que estás haciendo.

Conviene por eso que el riesgo que estás corriendo esté relacionado con la ganancia que podrías obtener. Sobre todo si, como debe ser, la suma que puedes ganar es mayor que el riesgo que estás corriendo. Sin embargo, lo que importa aquí no es lo que pudo ser, sino lo que fue, lo que realmente se logró. Observar la relación riesgo/ganancia solo te dará algunas pistas correctas para tu gestión de riesgo y del dinero, así como la optimización de tus resultados operativos si observa las relaciones riesgo/ganancia reales que has obtenido. Sin embargo, el simple hecho de observar la relación teórica riesgo/ganancia no te va a ayudar a optimizar tus resultados.

Consideremos entonces a fijarnos en la tasa de aciertos que hemos definido antes. El deseo de la mayoría de los traders es por supuesto lograr un alto porcentaje de aciertos. Sin embargo, tampoco es una cifra que pueda utilizarse de forma aislada. Sin embargo, si miras al mismo tiempo tu tasa de aciertos y la relación de tu riesgo con tu ganancia, entonces ya estás obteniendo información que es relevante, y que te va a servir para optimizar tus resultados generales. Es decir, ya has dado un paso adelante.

Finalmente, viene ahora el punto de la frecuencia de tus operaciones. Hemos dicho que los traders intradía obviamente operan con mucha frecuencia, los traders de posición bastante menos. De acuerdo con esta consideración podríamos no tener en cuenta la frecuencia. Podríamos, pero no vamos a hacerlo. Debido a que también hay información clave y esencial escondida en la frecuencia, que es particularmente importante si la combinamos con nuestros datos de la tasa de aciertos y la relación riesgo/ganancia que estamos obteniendo.

Con estos elementos, nuestras consideraciones están completas y finalmente hay movimiento en nuestro análisis. Reunamos estos elementos:

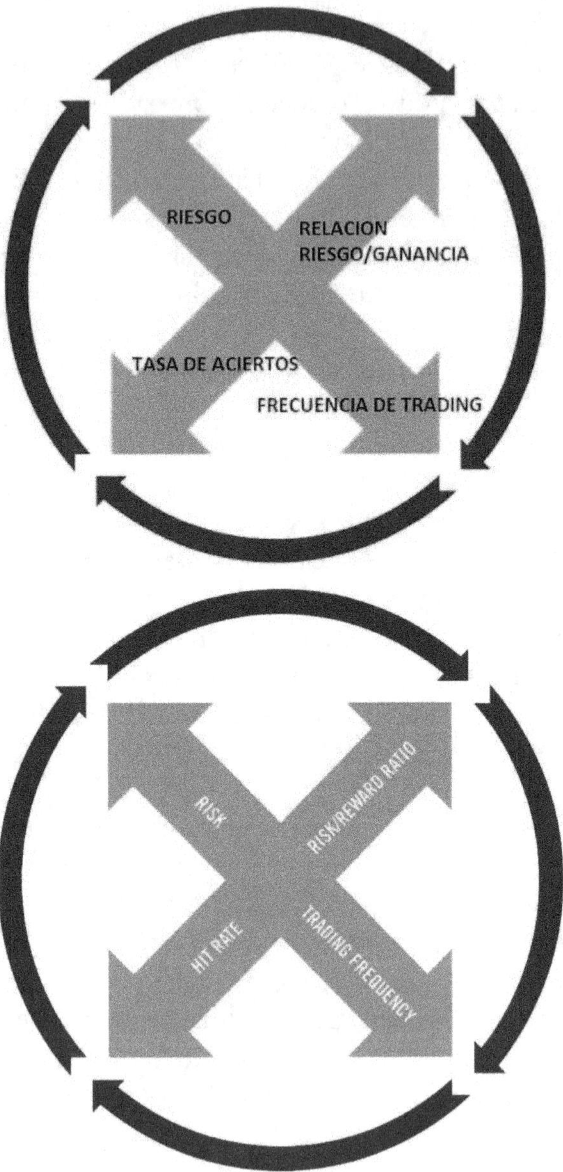

Figura 31: La Matriz de Administración del Dinero muestra la interacción de los cuatro elementos del riesgo profesional y la gestión del dinero.

Podemos utilizar esta Matriz de Administración del Dinero para observar ahora la interacción que hay entre el riesgo que corremos, la relación riesgo/ganancia, la tasa de aciertos y la frecuencia de las operaciones. Esta matriz es una herramienta perfecta para que analicemos y consideremos los resultados de nuestras operaciones. La matriz también te va a ayudar a planificar y determinar tu futura estrategia de trading.

Al principio de esta sección, sugerimos llevar un diario en el que anotes todos los datos de tus inversiones. Por una buena razón. Solamente si te ocupas en documentar tus actividades como trader podrás evaluarlas estadísticamente. No se trata de calcular fórmulas complicadas ni valores complejos. Por el contrario, en la gran mayoría de los casos, se trata solo de sumar lo que has obtenido y hacer las comparaciones. Y con estos datos calcular la tasa de aciertos que estas obteniendo, sumando los resultados de todas tus operaciones.

Supongamos que estás usando este diario y has calculado ya valores concretos para tu tasa de aciertos, tu frecuencia de operación y la relación riesgo/ganancia que has obtenido. Ya sabes, independientemente de tu diario de operaciones, el riesgo que estás corriendo antes de decidirte a una inversión.

Por ejemplo,[24] comenzaste tu cuenta de trading con $10.000 dólares y a final del año analizas tus resultados.[25] Encuentras que has llevado a cabo 100 operaciones. En cada una has asumido un riesgo del 1% de tu cuenta, una cantidad absoluta de $100 dólares[26]. En general, digamos que fuiste capaz de lograr una relación riesgo/ganancia de

---

24   En nuestras consideraciones siguientes no estamos tomando en cuenta los costos y comisiones de las operaciones. Lo importante en este caso es mostrarte cómo funciona el sistema. ¡Mantengámoslo „simplificado"!

25   Por supuesto, también puedes hacer los cálculos con base en períodos más cortos.

26   Para simplificar, también mantenemos esta cantidad constante. En la práctica, naturalmente tiene sentido ajustar gradualmente la cantidad absoluta al tamaño de la cuenta.

1,5 y una tasa de aciertos del 50%. ¿Cómo te parece que podemos juzgar este resultado?

Primero que todo veamos el efecto que estas cifras tienen sobre ti. ¿Qué opinas tú de ellas? ¿Cómo te sentirás si estos son los resultados que has obtenido al final de un año? Después de todo, „solo" te has arriesgado a perder $100 dólares por operación.

Cuenta de trading	$10.000
Riesgo en %	1,0%
Tasa de aciertos	50%
Relación riesgo/ganancia	1,5
Riesgo en dólares	$100
Frecuencia de operación	100
Ganancia total	$2.500

Figura 32: Los elementos de la Matriz de Administración del Dinero en acción.

¡Podemos afirmar que has cerrado el año con una ganancia total del 25% de tu cuenta de trading! En cifras concretas, tu relación riesgo/ganancia real de 1,5 te permitió compensar cada pérdida individual, y también registrar una ganancia adicional por cada operación ganadora. A pesar de que una de cada dos operaciones terminó en rojo (tasa de aciertos del 50%), fuiste capaz de operar en forma más que rentable. ¡Esto se debe a tu relación riesgo/ganancia de 1,5!

¿Cuál habría sido el resultado si solo hubieras logrado una relación riesgo/ganancia de 1,0? Podemos calcular esto rápidamente. El resultado sería cero.

En conclusión, podemos afirmar que en este caso el trading rentable estaba garantizado hasta una relación riesgo/ganancia obtenida, ligeramente superior a 1,0 y a una tasa de aciertos del 50%. La medida en que el resultado que has alcanzado te va a ayudar a desarrollar el futuro de tu cuenta de trading es, por supuesto, un problema diferente.

Veamos otro ejemplo: Digamos que con los mismos parámetros lograste una tasa de aciertos de únicamente el 40%. ¿Cuál es ahora tu ganancia total? ¿O ya estás en rojo?

De hecho, ninguna de las dos. Con una relación riesgo/ganancia de 1.5 y una tasa de aciertos del 40%, los resultados de tus operaciones son exactamente cero. Después que todo haya terminado no habrás perdido, pero tampoco habrás ganado nada.

Cuenta de trading	$10.000
Riesgo en %	2,0%
Tasa de aciertos	40%
Relación riesgo/ganancia	1,5
Riesgo en dólares	$200
Frecuencia de operación	100
Ganancia total	$0

Figura 33: Los elementos de la Matriz de Administración del Dinero en la acción I. Hemos bajado la tasa de aciertos al 40%.

En otras palabras, y como conclusión, puedes tener ganancias en el total de tus operaciones a pesar de tener éxito en mucho menos de la mitad de tus operaciones. Pero esto solamente será posible, si le prestas una atención cuidadosa a la relación riesgo/ganancia obtenida. Si esa relación cae por debajo de 1,5 y tienes una tasa de aciertos real de 40%, vas a sufrir una pérdida total.

En este contexto, podemos examinar otro punto que necesitamos para evaluar nuestra estrategia de inversión. Hemos concluido que la tasa de aciertos, la frecuencia de operación y la relación riesgo/ganancia están las tres relacionadas muy estrechamente. La tasa de aciertos es también un buen punto de partida para determinar si una estrategia puede ser rentable por sí misma. Para determinar esto, necesitamos darle un vistazo adicional a la tasa de aciertos y a la frecuencia de operación.

Para seguir con nuestro primer ejemplo, podemos calcular hasta qué punto nuestra estrategia es rentable, si, por ejemplo, obtenemos una ganancia de $150 dólares en la mitad de nuestras operaciones y una pérdida de $100 dólares por operación en la otra mitad. Es fácil calcular el „valor esperado" a partir de estos datos.

Para eso multiplicamos la tasa de aciertos por el promedio de ganadores y restamos la tasa de perdedores multiplicada por el promedio de perdedores. Lo que suena complicado, en la práctica es muy fácil de calcular.

$$(\textit{Tasa de aciertos} * \textit{Promedio de operaciones ganadoras})$$
$$- (\textit{Tasa de pérdidas} * \textit{Promedio de operaciones con pérdidas})$$
$$= \textit{Valor esperado}$$

¿Cómo calculamos el promedio de todos los ganadores o perdedores? Simplemente, sumamos todas las ganancias obtenidas y las dividimos por el número de operaciones que han cerrado con ganancia. En la misma forma calculamos el promedio de las operaciones perdedoras.

Aplicado a nuestro primer ejemplo podemos calcular el valor esperado:

$$(50\% * \$150) - \big((1 - 50\%) * \$100\big) = \textit{Valor esperado}$$

$$\$75 - \$50 = \textit{Valor esperado} = \$25$$

¿Qué significa esto para nuestra estrategia de inversión? Al final, lo que esto quiere decir es que hemos logrado una ganancia promedio de $25 dólares con cada operación. Es decir, en varias operaciones obtuvimos ganancias más altas y en varias terminamos en pérdida, pero lo que importa es que en promedio ganamos $25 dólares en cada operación. Este es un hecho tranquilizador y nos muestra otra vez que no se trata de qué resultado obtenemos en una operación en particular, sino del resultado que obtenemos de la totalidad de nuestras operaciones. ¡Y por supuesto, esto también significa que nuestra preocupación es que podemos y debemos optimizar ese total!

También podemos calcular el valor esperado para nuestro segundo ejemplo, en el que habíamos asumido una tasa de aciertos del 40%.

$$(40\% * \$150) - ((1 - 40\%) * \$100 = Valor\ esperado$$

$$\$60 - \$60 = Valor\ esperado = \$0$$

Esto confirma nuestro cálculo anterior. El resultado es otra vez cero. Si estás operando como en el segundo ejemplo, no vas a llegar a ningún lado, esa operación no te va a llevar a ninguna parte, ni tampoco te hará retroceder. Y además, siguiendo en cero, sin ganancias, en cualquier momento puedes sufrir una pérdida total.

Por lo tanto, si deseas utilizar el valor esperado como criterio de evaluación de tu estrategia de inversión personal, asegúrate de que el valor esperado sea positivo. Tan pronto como el valor esperado caiga a negativo, ¡vas a estar perdiendo en promedio en cada transacción!

Esta es una recomendación importante para tus próximas operaciones. Debes ser consistente en la selección de tus posiciones y solo entrar en operaciones en las que la probabilidad parezca alta de que puedas realmente lograr la relación riesgo/ganancia esperada. En este sentido: ¡calidad antes que la cantidad!

Hay un punto más que debemos tocar antes de seguir en nuestras reflexiones. Hasta ahora, nuestras consideraciones siempre se han basado en el supuesto de que obtienes la ganancia que habías previsto o la pérdida que habías calculado, o sea o lo uno o lo otro, sin puntos intermedios. Obviamente, te das cuenta de que en la práctica habrá casos en los que los resultados pueden estar en algún punto intermedio. Esto a su vez es una cuestión de gestión operativa, que trataremos en el próximo capítulo, entre otros puntos. Hasta entonces, vamos a quedarnos en el enfoque de que se obtiene „o lo uno o lo otro".

Con la ayuda de la Matriz de Administración del Dinero, se puede representar muy bien la dependencia e influencia mutuas de los cuatro elementos que hemos revisado. De hecho, estos elementos están relacionados directa e indirectamente y se influyen los unos a los otros. Basta con cambiar uno de estos elementos para que cambie el resultado global. Se puede aprovechar este hecho para la planificación del resultado total.

¿Cómo es la influencia mutua de estos elementos? Veamos el caso de tu frecuencia de operación, por ejemplo. Supongamos que planeas duplicar la frecuencia de tus operaciones, desde, por ejemplo, 100 operaciones quieres pasar a 200. O sea que sin cambiar más nada, vas a duplicar el resultado de tus operaciones.

Cuenta de trading	$10.000
Riesgo en %	1,0%
Tasa de aciertos	50%
Relación riesgo/ganancia	1,5
Riesgo en dólares	$100
Frecuencia de operación	200
Ganancia total	$5.000

Figura 34: Los elementos de la Matriz de Administración del Dinero en la acción II. Hemos duplicado la frecuencia de las operaciones.

¿Qué efectos tiene esto, por ejemplo, en tus riesgos? Si todas las condiciones siguen iguales, estás por supuesto duplicando tu riesgo general. Si no tienes esto en cuenta, muy rápidamente puedes comenzar a quedarte atrás.

Consideremos otro punto: Suponiendo que, con efecto inmediato, aumentas la relación riesgo/ganancia planificada de 1,5 a 3, ¿Qué significa esto para tu resultado general? Ciertamente aumentará. ¿Qué crees que, en circunstancias por lo demás idénticas, en cuánto probablemente cambiará tu resultado general?

Cuenta de trading	$10.000
Riesgo en %	1,0%
Tasa de aciertos	50%
Relación riesgo/ganancia	3,0
Riesgo en dólares	$100
Frecuencia de operación	100
Ganancia total	$10.000

Figura 35: Los elementos de la „Matriz de Gestión del Dinero" en la acción III. Hemos duplicado la relación riesgo/ganancia de 1,5 a 3 en nuestra planificación.

Fíjate que no solamente se ha duplicado tu resultado. No, ¡se ha cuadruplicado! Pero antes de que te entusiasmes demasiado, seamos realistas. ¿Cómo afectará tu tasa de aciertos el haber cambiado la relación riesgo/ganancia planeada? Podemos decir de antemano que un cambio en la relación riesgo/ganancia también resultará en un cambio en la tasa de aciertos. Es cuestionable si aumentando la relación riesgo/ganancia vas al mismo tiempo a lograr una tasa de aciertos del 50%, teniendo en cuenta que vas a tener más operaciones. Como ya se ha descrito, no es necesario que esto sea rentable. Sin embargo, tu resultado general probablemente será menor que la cuadruplicación que muestra el cálculo teórico.

Después de todo, ¿Qué pasa si cambia tu tasa de aciertos? Suponiendo que puedas aumentar tu tasa de aciertos del 50% al 60%. De 100 operaciones, 60 terminarán en una ganancia. Esto por sí solo, por supuesto, aumentará tu resultado general.

Cuenta de trading	$10.000
Riesgo en %	1,0%
Tasa de aciertos	60%
Relación riesgo/ganancia	1,5
Riesgo en dólares	$100
Frecuencia de operación	100
Ganancia total	$5.000

Figura 36: Los elementos de la Matriz de Gestión del Dinero en la acción IV. Hemos aumentado la tasa de aciertos del 50% al 60%.

Si los otros elementos permanecen iguales, tu resultado general podría duplicarse si tu tasa de aciertos mejora del 50% al 60%. Esto significa que con 10 operaciones ganadoras adicionales puedes duplicar tu ganancia. Desafortunadamente, esto no es lineal. Si luego aumentas tu tasa de aciertos del 60% al 70%, tu resultado basado en nuestro ejemplo de cálculo será de $7.500 dólares.

Un desarrollo positivo en nuestra „Matriz de Gestión del Dinero" nos permite aumentar también los otros elementos. ¡Imagínate que aumenta tu frecuencia de operación con esta tasa de aciertos mejorada! Puedes mejorar aún más tus resultados no solo mejorando un componente, sino también los otros componentes. Lo veremos más de cerca al final de este capítulo.

En conclusión, podemos afirmar que con la „Matriz de Gestión del Dinero", tienes un poderoso instrumento en tus manos con el que puedes elevar tus resultados de trading a un nuevo nivel, ¡haciendo cambios específicos en los componentes individuales!

Haz Mejor las Cosas Buenas: Cómo Optimizar la Gestión de tu Dinero y ¡Mejorar tus Resultados de Trading!

Hemos visto en varios ejemplos que se puede controlar la gestión del dinero en forma precisa manejando los cuatro elementos de la matriz.

Ahora nos gustaría aprovechar la oportunidad para profundizar en nuestra planificación y consideraciones con el objetivo de mejorar tus resultados con los medios que tenemos disponibles.

Para hacerlo, vamos a mirar todo más de cerca. ¿Qué elementos tenemos que cambiar y cómo tenemos que hacer para lograr mejores resultados en circunstancias similares? ¿Cómo podemos compensar nuestros puntos débiles profundizando en los elementos en los que somos fuertes?

La discusión de estas preguntas es importante para ti, porque al analizar tu historial de operaciones, te vas a encontrar con puntos en los que ya tienes fortalezas, y también vas a descubrir puntos en los que aún puedes mejorar.

Empecemos con las fortalezas. ¿Cómo podemos construir, basándonos en nuestras fortalezas actuales y usarlas a la vez para mejorar nuestro resultado general?

Imagínate que tienes una tasa de aciertos del 60%, es decir, de cada diez operaciones, seis cierran con ganancia. Si revisamos alguno de los ejemplos anteriores, ¡esto significa que podríamos estar obteniendo una ganancia del 50% de nuestra cuenta de trading!

En realidad, te podrías sentir bastante satisfecho con esto, ¿no? Sin embargo, tomemos este valor solamente como base de nuestra estrategia de optimización y tratemos de aumentar aún más el resultado global.

Para permitirte realizar los cálculos basados en tus propios resultados, daremos un vistazo rápido a la fórmula que hay detrás de nuestros cálculos:

$$(TF * HR * RRR * R) - (TF * (1 - HR) * R) = \textit{Resultado general del trading}$$

Donde TF es la frecuencia de operación, HR la tasa de aciertos, RRR la relación riesgo/ganancia y R el riesgo.

¿Qué valor podemos ajustar ahora para aumentar los resultados en circunstancias por lo demás idénticas?

En primer lugar, lo más apropiado es ajustar la frecuencia de operación. Si piensas que para doblar tu ganancia basta solo con llevar a cabo, por ejemplo, 200 operaciones en lugar de las 100 actuales, parece una conclusión lógica. Pero lo que hay que tener en cuenta es que para que esto ocurra, tendrías que encontrar ese número adicional de operaciones con la misma calidad de tus operaciones actuales, es decir, tendrías que tener operaciones adicionales con resultados similares. Hasta qué punto esto es realmente factible, no lo sabemos. Sin embargo, es una oportunidad que podrías tener:

Cuenta de trading	$10.000
Riesgo en %	1,0%
Tasa de aciertos	60%
Relación riesgo/ganancia	1,5
Riesgo en dólares	$100
Frecuencia de operación	100
Ganancia total	$5.000

Cuenta de trading	$10.000
Riesgo en %	2,0%
Tasa de aciertos	60%
Relación riesgo/ganancia	1,5
Riesgo en dólares	$200
Frecuencia de operación	100
Ganancia total	$10.000

Figura 37 y 38: La tasa de aciertos del 60% ya genera una ganancia total del 50%. Aumentando el riesgo al 2%, también se puede duplicar el resultado.

Otra posibilidad de mejorar tus resultados podría ser aumentar el riesgo individual por operación. ¡Sí, has leído correctamente! Si puedes mostrar una tasa de aciertos claramente positiva, podrías también aumentar tu riesgo. Por supuesto, no ilimitadamente pero con un sentido de las proporciones. Así que, ciertamente puedes aumentar el riesgo del 1% al 1,5% o incluso a 2%. Esto aumentará tu riesgo, y tendrás que preparar un nuevo plan de acción en el que traces la línea en las condiciones ajustadas. Como consecuencia de esto, sin embargo, deberás tener el mismo número de operaciones, planificar y conseguir una relación riesgo/ganancia sin cambios, y así aumentarás tu resultado general en un 50% o incluso en un 100%.

Por supuesto, hay que vigilar de cerca cómo se desarrolla la estrategia, y puede que sea necesario volver a cambiar los parámetros si los resultados se desvían significativamente de lo que has planeado. Sin embargo, en las condiciones mencionadas anteriormente, podrías de esta forma mejorar significativamente tus resultados.

Por supuesto, no es fácil lograr una tasa de aciertos del 60%. Especialmente al principio de una carrera como trader, es difícil lograr una tasa de aciertos que prometa un resultado general positivo. Tomemos como ejemplo una tasa de aciertos del 30%, que en nuestro caso lleva a un resultado global negativo. Nuestro objetivo ahora es lograr un resultado general positivo en estas circunstancias. ¡Aquí debes por lo menos llegar a un resultado „cero"! ¿Cómo podemos lograrlo?

La primera consecuencia inmediata de esto ya está clara. ¡Hay que bajar el riesgo por operación!

Además de reducir el riesgo, ¡también habrá una reducción en la relación riesgo/ganancia!

El lector alerta ya lo ha reconocido. Simplemente ajustando a la baja la relación riesgo/ganancia prevista, el resultado global bajo circunstancias no modificadas será peor en términos puramente matemáticos. Esto es cierto y sigue siéndolo. Pero al reducir la relación riesgo/ganancia y, por lo tanto, el objetivo de ganancia, aumentamos la probabilidad de que las operaciones realizadas se conviertan en ganadoras. Esto a su vez aumenta la tasa de aciertos.

Cuenta de trading	$10.000
Riesgo en %	1,0%
Tasa de aciertos	30%
Relación riesgo/ganancia	1,5
Riesgo en dólares	$100
Frecuencia de operación	100
Ganancia total	-$2.500

Cuenta de trading	$10.000
Riesgo en %	0,5%
Tasa de aciertos	46%
Relación riesgo/ganancia	1,2
Riesgo en dólares	$50
Frecuencia de operación	100
Ganancia total	$60

Figura 39 y 40: Los cambios en la relación riesgo/ganancia aumentan la probabilidad de que se produzcan aciertos y, por lo tanto, incrementan la tasa de aciertos. Al mismo tiempo se reduce el riesgo. Como resultado, el resultado general mejora.

En nuestro ejemplo, redujimos el riesgo por operación a la mitad, hasta el 0,5% de la cuenta de trading, y bajamos a 1,2 la relación riesgo/ganancia prevista. Para entrar en la zona "verde" o de ganancias, necesitamos una tasa de aciertos de un poco menos del 46%. La menor relación riesgo/ganancia significa que esta posibilidad existe, porque aumenta la probabilidad de ganar.

Para pasar de la zona roja a la verde, estas pueden ser las posibles medidas concretas que podemos tomar por parte de la gestión del riesgo y del dinero. Por otra parte, es por supuesto además apropiado investigar las razones de la estrategia de trading, la metodología del análisis, y tu propio enfoque personal en el trading.

Consideremos otro punto. Supongamos que tu análisis muestra que la relación riesgo/ganancia total que has obtenido es de 1,2. Quieres mejorar tu resultado general. ¿Qué componentes debes mejorar para lograr esto?

En este punto ya podemos afirmar que para ser rentables bajo estas condiciones, tu tasa de aciertos debe estar por encima del 45%. Es probable que esté por encima de esta cifra porque vas a tomar tus ganancias más rápido y el objetivo a alcanzar estará más cerca de tu punto de entrada.

Para simplificar las cosas, digamos que obtienes otro 50% de tasa de aciertos. Entonces, bajo las circunstancias anteriores, generarás un 10% de ganancia en tu cuenta de trading. Esto es más que respetable y supera con creces los resultados de muchos inversionistas profesionales. Para aumentar aún más tu ganancia, podrías por supuesto aumentar tu riesgo, aunque en esta combinación es preferible un enfoque moderado.

Cuenta de trading	$10.000
Riesgo en %	1,0%
Tasa de aciertos	50%
Relación riesgo/ganancia	1,2
Riesgo en dólares	$100
Frecuencia de operación	100
Ganancia total	$1.000

Cuenta de trading	$10.000
Riesgo en %	1,5%
Tasa de aciertos	50%
Relación riesgo/ganancia	1,2
Riesgo en dólares	$150
Frecuencia de operación	150
Ganancia total	$2.250

Figura 41 y 42: Una relación riesgo/ganancia baja puede compensarse aumentando la frecuencia de las operaciones y un aumento moderado del riesgo.

Otra posibilidad es aumentar el número de operaciones. Ya hemos discutido este punto crítico anteriormente, pero todavía hay una posibilidad de mejorar tus resultados. En este caso, un curso medio puede ser un ligero aumento del riesgo hasta, por ejemplo, el 1,5% y un aumento de la frecuencia de las operaciones. Por ejemplo, un aumento de 50 operaciones adicionales. Como resultado, ya has más que duplicado tus ganancias. Es una medida pequeña que produce un gran efecto.

Podemos atenernos a nuestro punto de vista sobre el riesgo y la frecuencia de las operaciones y considerar cómo podemos optimizar nuestro resultado general si entramos en el mercado con solo una pequeña cantidad de riesgo. No necesitamos una tabla para poder decir que, como regla general, con un pequeño riesgo a tomar por inversión, también tenemos la posibilidad de operar más a menudo y más agresivamente. En otras palabras, mientras nuestra relación riesgo/ganancia obtenida siga siendo al menos uno (1,0). Si cae por debajo de uno, tendremos en cualquier caso que repensar nuestra estrategia.

Vayamos al último ejemplo de nuestras reflexiones. Imagínate que has desarrollado una estrategia que te da una relación riesgo/ganancia de 2,5 al final de un año de operaciones. Seguramente puedes apreciar este resultado de acuerdo con nuestros ejemplos anteriores. Tus otros parámetros permanecen sin cambios. ¿Qué más puede cambiar para mejorar el resultado general?

Repasemos juntos la Matriz de Gestión del Dinero: ¿Frecuencia de operación? Sí, posiblemente. Sin embargo, hay límites naturales según tu estilo de trading. Si eres un trader de posición, entonces no podrás ejecutar cientos de operaciones al año. Pero talvez es posible aumentarla en un 10%. Para esto puede que tengas que moverte a nuevos mercados o acciones que vayas incorporando adicionalmente a tu análisis.

¿Qué hay de la tasa de aciertos? ¿Hasta qué punto se puede todavía darle la vuelta a esto? Debido a su elevada relación entre riesgo y probabilidad, tu porcentaje de aciertos no superará inevitablemente un determinado rango. Tal vez todavía puedas obtener algunos puntos porcentuales mediante un análisis preciso, aunque es muy probable que no sea posible obtener grandes aumentos.

La tasa de aciertos y la frecuencia de operación encontrarán eventualmente sus límites naturales. Especialmente la frecuencia de operación no puede aumentarse infinitamente, porque desde el punto en que inicia cada operación, esto tendría un efecto inmediato en tu tasa de aciertos. La tasa de aciertos volverá a bajar. Tu frecuencia de operaciones está determinada en última instancia por las oportunidades específicas de las que depende tu tasa de aciertos.

Cuenta de trading	$10.000
Riesgo en %	1,0%
Tasa de aciertos	50%
Relación riesgo/ganancia	2,5
Riesgo en dólares	$100
Frecuencia de operación	100
Ganancia total	$7.500

Cuenta de trading	$10.000
Riesgo en %	2,5%
Tasa de aciertos	55%
Relación riesgo/ganancia	2,5
Riesgo en dólares	$250
Frecuencia de operación	110
Ganancia total	$25.438

Figura 43 y 44: Una alta relación riesgo/ganancia realizada permite un riesgo mayor.

Así que todavía nos queda el riesgo. Con una tasa de aciertos del 50%, como se supone generalmente, y una relación riesgo/ganancia obtenida de 2,5, el camino está despejado para una acción más agresiva. En este caso, puedes aumentar tu riesgo, porque regularmente recibirás de vuelta un múltiplo de ese riesgo.

En última instancia, el aumento del riesgo es también el único parámetro que se puede determinar libremente, completa e independiente. Mantén siempre aquí un sentido de las proporciones, porque cada subida tiene un final, pero afortunadamente también lo tiene cada mercado a la baja.

Podemos concluir nuestras consideraciones sobre la Matriz de Administración del Dinero, pero no sin unas palabras finales. Tienes que conocer bien esta matriz como una valiosa herramienta que te ayuda a optimizar los resultados de tus operaciones. Ya llegaste a conocer los componentes individuales y los tornillos de fijación y hemos trabajado juntos a través de varios escenarios para ver cómo podrían mejorar tus resultados en diferentes situaciones con los parámetros individuales. Esta es la gestión activa del dinero al más alto nivel. Esto te da la oportunidad de adaptar tu trading a tu propia situación y utilizar tu capital de manera eficaz y rentable. La „Matriz de Gestión del Dinero" no es un enfoque científico, sino una fuente de inspiración para tus propias consideraciones. La idea de la matriz es mostrarte opciones para tener en cuenta tus necesidades personales al planificar y ejecutar tus inversiones. Por lo tanto, es esencial que realices un análisis más profundo y desarrolles tus propias ideas acerca de cómo debería diseñarse tu Matriz de Gestión del Dinero personal para que funcione para ti. Ya has conocido los primeros enfoques. La pelota está en tu campo.

Por último, vayamos a lo práctico, pues nuestros tres traders ya nos están esperando para comentarnos lo que piensan y mostrarnos sus resultados. Igual que antes dejemos que Rick hable primero:

No creí que fuera necesario tener tanta planificación para mis inversiones. Pero cuando empiezo a ver las cosas más de cerca, me doy cuenta de que tiene mucho sentido hacerlo. Sobre todo que yo soy más del tipo espontáneo, así que es importante para mi tener un plan al que pueda y deba atenerme. Ya lo he hecho con todo detalle pero, en general, todavía tengo necesidad de acción. Especialmente cuando se trata de llevar con regularidad un registro de mis operaciones. Como trader diurno hago varias operaciones a la semana y al mes. El año pasado estimo que abrí y cerré casi 1.000 operaciones. Me he tomado el tiempo de hacer una lista de todas mis operaciones y crear una estadística precisa. En general, me parece que a estas alturas ya he ganado bastante experiencia en el trading. Estas son mis estadísticas:

Cuenta de trading	$5.000
Riesgo en %	1,0%
Tasa de aciertos	44%
Relación riesgo/ganancia	1,3
Riesgo en dólares	$50
Frecuencia de operación	982
Ganancia total	$589

Figura 45: Las estadísticas del trading de Rick después de un año y 982 operaciones ejecutadas.

En realidad todavía no he llegado muy lejos. Aunque mis instintos parece que están equivocados en términos de porcentaje, he logrado, sin embargo, obtener más de un 11% de ganancia, o sea que podría estar orgulloso. Sin embargo, he fallado bastante en mi objetivo general. Yo había sospechado que no llegaría tan lejos con la cantidad que estoy fijando como riesgo, pero me había prometido algo más. Sin embargo, cuando veo los resultados, pienso que todavía puedo mejorar mucho. Por lo que veo, el único factor no es solamente el riesgo de cada inversión.

He notado, por ejemplo, que mi relación riesgo/ganancia real está por debajo de la que había planeado. Me había fijado una relación de 1,5 y solo logré 1,3. Admito que en algunos casos me retiré de las inversiones demasiado pronto, manualmente, en una u otra inversión, ¡aunque nunca pensé que tendría tales efectos!

Todavía tengo que trabajar en mi porcentaje de aciertos. ¡Aquí es donde quiero acercarme al 50%! Aunque estoy positivo con mis resultados del

44%, simplemente tengo que acertar más a menudo con una baja relación riesgo/ganancia. Una cosa es segura: tengo que reconsiderar mi resultado previsto de $500 dólares al mes o aumentar los componentes individuales de mi „Matriz de Gestión del Dinero". O preferiblemente ambos.

La buena noticia es que estoy empezando con una cuenta que ya ha aumentado 11%[27], porque por ahora estoy dejando las ganancias en mi cuenta. En el futuro, también ajustaré mis cálculos cada mes para haces los cálculos con el tamaño real de mi cuenta. Al hacer esto, voy a mejorar mis cálculos.

Para lograr mi objetivo, he elaborado el siguiente plan. Junto con esto voy a profundizar mis conocimientos de análisis técnico.

Cuenta de trading	$5.589
Riesgo en %	1,0%
Tasa de aciertos	48%
Relación riesgo/ganancia	1,3
Riesgo en dólares	$56
Frecuencia de operación	1.000
Ganancia total	$5.813

Figura 46: El nuevo plan de Rick de acuerdo con sus componentes logrados de la Matriz de Administración del Dinero.

Me imagino que puedo adaptar mis expectativas a la relación riesgo/ganancia. Estoy muy impaciente, especialmente que cuando uno hace trading de divisas uno puede subir y bajar mucho. Es por esto que el 1,3 es ahora oficialmente mi objetivo. También me atengo a la frecuencia de 1.000 operaciones, ya que también funcionó bastante bien en el pasado. Estoy trabajando con siete pares de divisas. Esto quiere decir que puedo

---

27   Mantenemos las cifras de impuestos fuera de nuestros ejemplos ya que difieren de un país a otro. Por favor, ten en cuenta que, en tu caso, debes hacer el cálculo usando los impuestos que tendrías que pagar.

esperar unas 140 operaciones anuales por cada par de divisas. Esto es algo que me parece que puedo lograr.

Si corrijo mi riesgo/ganancia planeada bajándola un poco, aumento la probabilidad de que aumente mi porcentaje de aciertos. Me imagino que inicialmente esto me llevará a cerca del 48%. Ahora que ya manejo mejor el análisis técnico, creo que también seré capaz de producir un mejor análisis. Si puedo manejar esto de esta forma, con seguridad podré también lograr el objetivo que me he planteado. ¡Estoy muy emocionado por esto!

Rick se había propuesto un objetivo muy ambicioso de 120% de ganancias. Ahora ha conseguido un poco más del 11%, lo que ya es muy respetable. Además, también está claro para Rick que su tasa de aciertos no tiene que ser del 50% para operar de forma rentable. Su relación riesgo/ganancia de 1,3 también está por debajo de su valor objetivo, pero en combinación con el porcentaje de aciertos todavía está en la zona verde. Es importante señalar, sin embargo, que con esta combinación él se está moviendo al borde de un precipicio. Si su porcentaje de aciertos cae por debajo del 44%, Rick corre el riesgo de caer en una pérdida total. Por lo tanto, es correcto lo que está haciendo de tratar de aumentar en el futuro su porcentaje de aciertos. Su idea de reducir la relación riesgo/ganancia a 1,3 también tiene sentido para él. Especialmente si actúa agresivamente y es bastante impaciente, difícilmente podrá lograr más. Al mismo tiempo, puede aumentar la probabilidad de sus ganancias. Ya podemos ver en el cálculo que, de esta manera, Rick se acerca a su objetivo. En el caso positivo, incluso lo sobrepasará, ya que ajusta mensualmente sus cálculos de tamaño de la posición al tamaño actual de su cuenta.

Como conclusión, podemos afirmar que incluso un pequeño cambio en el porcentaje de aciertos, por ejemplo del 44% al 48%, tiene un efecto considerable sobre los resultados. Por esto, ¡presta siempre atención a la calidad de las posiciones en las que vas a invertir! De igual forma, revisa bien y date cuenta cómo incluso una inversión pequeña con un riesgo pequeño puede lograr un resultado interesante sobre la frecuencia de operación.

Antes de pasar a lo que nos tiene que decir Anna, unas palabras sobre los resultados de Rick. Aunque se ha desempeñado muy bien con su 11% de ganancia total, no está satisfecho con la cantidad que ha obtenido en dinero, es decir con los resultados absolutos. Esto, por una parte, es comprensible, porque estaba esperando más después de todo lo que trabajó. Por otro lado, una cuenta como la de Rick alcanza rápidamente sus límites. Esto no quiere decir que el inversionista profesional no opere bien en estas circunstancias. Al contrario, sí que funciona. Esto solo significa que los resultados absolutos alcanzados deben ser siempre colocados en relación con el punto de partida. Imagínate el resultado si Rick hubiera comenzado invirtiendo $500.000 dólares en lugar con $5.000 dólares. Con el mismo porcentaje de ganancia de alrededor del 11%, el resultado en dinero habría sido significativamente diferente. Por esta razón, no te dejes engañar por los pequeños resultados. Siempre lo que cuenta para los análisis son los resultados porcentuales. ¡Siempre mantén en estos casos el sentido de las proporciones!

¿Cuáles son las experiencias de Anna? ¿Qué resultados nos puede mostrar?

Como la inversión en Apple me tomó un par de meses y todavía continua, yo no podría naturalmente haber llevado a cabo tantas operaciones como las que hizo Rick. Sin embargo, mis otras inversiones alcanzaban más rápido el objetivo, o llegaban al stop loss, así que esto también marcó para mí una diferencia. Yo me había fijado como límite un riesgo total de $2.500 dólares. Esto, para mí, significaba no solo ser capaz de lidiar profesionalmente con una serie de pérdidas, sino también ejecutar varias operaciones en paralelo. Estrictamente hablando, puedo poner mi riesgo total en el mercado, manteniendo al mismo tiempo diez inversiones con 1% de riesgo en cada una. Sin embargo, si todas mis diez posiciones terminan en pérdida, voy a tener que dejar de invertir. Por esto he elegido un camino intermedio y me he fijado como límite el mantener en mi cartera un máximo de cinco títulos individuales al mismo tiempo. Esto me da un margen de maniobra en caso de que los cinco terminen en pérdida. Siempre he variado el riesgo a tomar entre el 1% y el 1,5% por operación, según convenga. Tampoco he alcanzado siempre mi objetivo *de relación riesgo/ganancia de 2,5. Esto se debe principalmente a que, en algunas de las posiciones, no he visto la probabilidad de lograrlo. En cambio, hubo muchas operaciones en las que asumí que era muy probable que se alcanzara el 1,5 y el 2,0. Por lo tanto, estoy entre 1,5 y 2,5 veces la relación riesgo/ganancia en una sola operación. En total, esto me da un gratificante 1,8 en términos de la relación riesgo/ganancia real. Mi riesgo individual, como dije, fue entre el 1% y el 1,5% de mi cuenta de trading. En total, tengo un riesgo individual promedio de 1,24%. En general, puedo mirar hacia atrás en 26 operaciones que abrí y cerré el año pasado. Mi porcentaje de aciertos fue muy bueno. Tuve un 58% de ganadores. Mi resultado general está por encima de mi objetivo, lo que confirma que he acertado.*

Cuenta de trading	$25.000
Riesgo en %	1,24%
Tasa de aciertos	58%
Relación riesgo/ganancia	1,8
Riesgo en dólares	$310
Frecuencia de operación	26
Ganancia total	$5.029

Cuenta de trading	$30.029
Riesgo en %	1,3%
Tasa de aciertos	60%
Relación riesgo/ganancia	2,0
Riesgo en dólares	$390
Frecuencia de operación	30
Ganancia total	$9.369

Figura 47 y 48: Resultado de Anna después de 26 operaciones en un año y su optimización basada en esto.

No veo ninguna necesidad real de optimización en este momento, así que estoy mirando la Matriz de Administración del Dinero para las oportunidades básicas de crecimiento. Creo que mantendré todos los parámetros iguales, pero veré si puedo hacer algunas inversiones adicionales y también aumentar un poco mi riesgo promedio. Para mí, esto significa que a menudo tomo como riesgo de posición el 1,5% de mi cuenta. Además, tengo la intención de aumentar de nuevo un poco mis objetivos de ganancia, para llegar a una relación riesgo/ganancia real de 2,0 en total. Soy ambiciosa en cuanto a la tasa de aciertos y usaré todas mis habilidades para obtener ganancias en el 60% de mis operaciones. Estas medidas, junto con mi creciente cuenta de trading, me llevarán mucho más lejos. Por cierto, después de cada operación puedo ajustar la base de cálculo, para así poder ganar algunos puntos porcentuales más.

La aproximación de Anna fue un aterrizaje perfecto. Cuando vio oportunidades, entró en el mercado corriendo más riesgos, y cuando las oportunidades no eran tan obvias, tomó una postura defensiva. Como resultado, ha logrado su objetivo y ha generado un buen 20% de ganancia, guardando siempre el sentido de las proporciones entre el riesgo individual y el global. Por supuesto, el mercado tiene que seguirle la corriente, pero si esto no ocurre, su porcentaje de aciertos rápidamente caerá al rango medio. Sin embargo, cuando sucede, sucede, y Anna se ha ajustado exactamente a esto. El ajuste de su relación riesgo/ganancia a las condiciones del mercado ciertamente también ha tenido mucho que ver con su éxito.

Para ti, esto significa de nuevo mantener un sentido de las proporciones y considerar qué deseas y qué puedes lograr. Esto simplemente, ¡es muy importante que lo tomes en cuenta!

Como siempre, vamos a preguntarle a Peter cómo le fue con sus inversiones y qué resultados obtuvo.

Yo he tenido resultados muy variados. Ya te había presentado una posible inversión y después tuve una serie de ganadores, lo que aumentó mi confianza en mí mismo. Pensé que había alcanzado mi objetivo general, pero desafortunadamente a partir de ese momento comencé a tener una pérdida tras otra. Esto también se refleja en mi tasa de aciertos de solo 39%. Esto me incomoda, por supuesto, pero el resultado final es que después de todo he obtenido algo de ganancia. Tuve muchos altibajos en mi cuenta *durante el año y más de una vez dudé si debía continuar o no. Si uno sigue teniendo pérdidas, deja de ser divertido. Al final, sin embargo, conseguí componerme un poco. Mi relación riesgo/ganancia de 1,67 me ayudó a sobrevivir este período de inestabilidad. Aunque había tomado con toda firmeza la decisión de no cambiar mucho mis operaciones, no pude contenerme y cerré manualmente varias inversiones, ya sea porque quería garantizar las ganancias o evitar las pérdidas. Esto también explica por qué no logré mi objetivo con una relación riesgo/ganancia de 2,0. Sin embargo, me mantuve en ella, porque con mi riesgo manejable siempre he sido capaz de entusiasmarme con una nueva operación, incluso después que he tenido una serie de pérdidas. Y me parece que eso es lo que es hay que cuidar: ¡Apegarse a lo que uno ha decidido y seguir adelante! En total hice 87 operaciones y, al final, pude mirar hacia atrás con una ganancia de un poco más de $400 dólares. ¡De ahora en adelante únicamente puede subir!*

Cuenta de trading	$15.000
Riesgo en %	0,75%
Tasa de aciertos	39%
Relación riesgo/ganancia	1,67
Riesgo en dólares	$113
Frecuencia de operación	87
Ganancia total	$404

Cuenta de trading	$15.404
Riesgo en %	0,75%
Tasa de aciertos	45%
Relación riesgo/ganancia	2,0
Riesgo en dólares	$116
Frecuencia de operación	60
Ganancia total	$2.426

Figura 49 y 50: Los resultados de Peter después de un año de altibajos. Aunque logró una tasa de aciertos de apenas 39%, pudo cerrar el año de operaciones con una nota positiva gracias a su relación riesgo/ganancia obtenida de 1,67. Para la optimización, Peter ha puesto especial énfasis en la relación riesgo/ganancia y en la tasa de aciertos.

Para el próximo año, ya he preparado mi Matriz de Gestión del Dinero de modo que, por supuesto, seguiré corriendo el riesgo que estoy dispuesto a tomar. ¡Eso definitivamente me ayudó internamente! Quiero trabajar duro en mi porcentaje de aciertos. Pasar del 39% al 45% es un aumento muy grande, pero trabajaré aún más en los métodos de análisis y sobre todo, prestaré más atención a la calidad de mis operaciones. Esto también se refleja en la reducción de la frecuencia de las operaciones. Prefiero saltarme una operación de la que no estoy tan convencido y concentrarme plenamente en las que son prometedoras y que tienen una alta probabilidad de ganar. Así es como me imagino lograr una relación riesgo/ganancia de 2,0, que es la que había planeado. Por supuesto, esto requiere que me modere un poco durante la operación y deje que la operación funcione. Haciendo esto, ¡llegaré a mi meta después de todo!

Peter ha aprendido dos de las reglas más cruciales del trading. Ninguna racha ganadora dura para siempre, y solo pueden llegar lejos los que continúan operando. Por esta misma razón es fundamental determinar el riesgo de tu posición de acuerdo con tus propias condiciones. Los números muy exactos no te ayudarán en esto; todo depende de ti. Toma la cantidad con la que estás dispuesto a continuar durante y después de una racha perdedora. Esta es la única manera de salir de una de estas rachas. Continuar... con un sentido de las proporciones y con una estrategia, pero siguiendo adelante. Mantente en el juego, busca tus oportunidades y luego abre una inversión como lo habías planeado. Peter también tocó exactamente el mismo punto que ya habíamos discutido. Él interrumpió sus operaciones y es bueno que ahora tenga la intención de dejar de hacerlo. Lo interesante de los resultados de Peter es que a pesar de una tasa de aciertos relativamente baja, logra un resultado positivo, lo que a su vez se debe a la relación riesgo/ganancia que logró obtener. Así que, cuando dice que esto es exactamente lo que quiere aumentar en el futuro, ese es el impulso correcto. Peter resuelve el dilema entre una alta tasa de aciertos y una mayor relación riesgo/ganancia, tratando de mejorar la calidad de sus operaciones. En consecuencia, quiere actuar menos. Queda por ver, por supuesto, si tendrá o no éxito. Sin embargo, siempre es una buena idea ser selectivo y crítico en la elección de las posiciones.

Un breve resumen de los hechos más relevantes:

> La tasa de aciertos y la frecuencia de las operaciones son elementos importantes de la gestión profesional del dinero y complementan la consideración del manejo del riesgo.

> La tasa de aciertos y la frecuencia de las operaciones no son tan determinantes por sí solas. Únicamente cuando ambas se revisan en combinación con los otros elementos se puede hacer un análisis significativo.

> El riesgo, la relación riesgo/ganancia, la tasa de aciertos y la frecuencia de las operaciones pueden combinarse para formar lo que hemos llamado la Matriz de Administración del Dinero.

> Esta matriz indica que los cuatro elementos dependen unos de otros en forma tanto directa como indirectamente.

> Las debilidades que tengas en una de las variables las puedes compensar con las fortalezas que tengas en las otras.

> Cuanto más alta sea la relación riesgo/ganancia obtenida, más baja será la tasa de aciertos y viceversa.

> Una alta frecuencia de operación puede compensar una baja relación riesgo/ganancia obtenida.

> Con una alta tasa de aciertos, el riesgo puede aumentar siempre que la relación riesgo/ganancia obtenida sea superior a 1,0.

> Una relación riesgo/ganancia obtenida de 1,5 es un buen punto de partida y asegura la ganancia global, incluso si el porcentaje de aciertos es de menos del 50%.

CAPÍTULO 6:
Gestión del Riesgo y del Dinero

Hasta este punto hemos tratado en detalle todos los aspectos importantes de la gestión del riesgo y del dinero. Ya eres pues un profesional en manejo del riesgo y del dinero y tienes esta ventaja, comparado con los demás inversionistas que actúan en el mercado. Sin embargo, todavía puedes mejorar. Aunque los puntos mostrados hasta ahora son perfectamente suficientes para que una inversión sea rentable a largo plazo, esto no significa que no podamos hacerlo todavía mejor.

En este punto, nos gustaría ampliar la gestión del dinero para incluir la „gestión de trading" y discutir varias formas en las que se pueden mejorar los resultados, sin modificar el riesgo por posición.

Trataremos con más detalle lo que tiene que ver con el *stop loss*, con la variación de entradas y salidas y lo que se refiere a una entrada o salida gradual de las posiciones. Además de optimizar la Matriz de Gestión del Dinero, estas estrategias deben ayudarnos a lograr los mejores resultados posibles con nuestras operaciones.

También, sin embargo, está el caso de los inversionistas que no quieren vender sus posiciones, pero que al mismo tiempo en caso de que ocurra una pérdida, tampoco quieren aceptar un riesgo desproporcionado. En este capítulo encontrarán un método interesante para limitar sus pérdidas.

¿Limitar las Pérdidas o Dejarlas Correr? ¿Qué Efectos Tiene un Stop Loss Móvil en tu Gestión de tus Riesgos y de tu Dinero?

En el curso del debate sobre cómo limitar las pérdidas cuando hablábamos del manejo de los riesgos, ya tratamos el caso del *stop loss*. Cuando fijamos un *stop loss,* indicamos el punto donde consideramos que, definitivamente, nuestra estrategia no está funcionando. Consideramos que si se llega a ese punto, no tiene ya sentido permanecer en esa inversión y seguir esperando un resultado positivo: el *stop loss* sirve entonces para dejar nuestras pérdidas hasta allí, y en esa forma y muy directamente, limitar cuánto vamos a perder.

Hasta ahora hemos supuesto en nuestras consideraciones que, antes de comenzar, colocábamos nuestro *stop loss* y que ese punto permanecía allí sin modificaciones hasta que la inversión llegaba hasta ese punto, y nos salíamos, o hasta que habíamos alcanzado el objetivo de ganancia y ya, por supuesto, el *stop loss* no se tomaba en cuenta. O sea, o se daba "lo uno" (alcanzábamos la ganancia) o "lo otro" (limitábamos las pérdidas, pues la inversión llegaba al *stop loss* y nos retirábamos). Vamos ahora a cambiar esto un poco. Mientras que hasta ahora hemos considerado el *stop loss* exclusivamente desde una perspectiva de manejo de riesgos y limitación de pérdidas, vamos ahora a ampliar nuestra visión y considerar el manejo profesional de la operación. Una parte importante de la gestión profesional de una inversión es tomar una decisión sobre si en el curso de la operación debemos mover el *stop loss* que habíamos fijado inicialmente, y en qué medida se podría mover.

A estas alturas ya deberíamos tener claro qué estaríamos buscando con un *stop loss* movible. O sea, considerar si tiene sentido el mover el *stop loss* para en este otro caso garantizar las ganancias que hemos acumulado en un momento dado. ¡No vamos a mover el *stop loss* para que nos permita tener más pérdidas! Esto quiere decir que si vamos a mover el *stop loss,* será en una dirección: hacia las ganancias. En esta forma el *stop loss* inicial fijo se convierte en el *stop loss* movible o el llamado *trailing stop loss*[28].

Puedes fácilmente imaginarte que hay muchas maneras de usar y calcular este *trailing stop loss o stop loss movible*. Los enfoques son tan numerosos como hay inversionistas en el mercado.

Ahora queremos ocuparnos en general de este *trailing stop loss*. ¿Hasta qué punto tiene sentido seguirle la pista a este *stop loss* movible? Al llegar a este punto hay diferentes opiniones entre los traders profesionales. Mientras que algunos comienzan a pensar en mover su *stop loss* apenas han ocurrido los primeros movimientos, otros dejan el *stop loss* sin cambios hasta que están ya cerca del objetivo. Otros no toman ninguno de estos dos caminos. Dejan su *stop loss* sin cambios hasta que la operación cierra en ganancia o en pérdida. Si le preguntamos a estos tres inversionistas quien de ellos lo está haciendo bien, de seguro cada uno de ellos nos darán una serie de razones por las que creen que su enfoque el correcto.

Esto por sí solo nos demuestra que no se llega al *trailing stop loss* después de un análisis puramente matemático, sino que es más bien algo un poco emocional. También se trata de cómo queremos lidiar nuestras pérdidas y cómo manejamos la responsabilidad de nuestras propias decisiones. Esto se muestra a menudo por el hecho de que hay traders que mueven ese *trailing stop* y lo colocan tan cerca del precio actual que en el momento siguiente, con cualquier pequeño cambio ya deben salirse de la inversión. En retrospectiva, es fácil decirlo: *„Yo quería dejar la operación, el precio llegó a mi trailing stop loss y entonces tuve que abandonar la inversión y cerrar la posición"*. En esta forma, la decisión de cómo proceder se supedita convenientemente al mercado. Esto, sin embargo, lo que quiere decir también es que

---

28   Como indica el autor, el "trailing stop loss" es un stop loss que no permanece fijo en un precio, sino que aumenta si el precio del activo aumenta, a una cierta distancia del precio. Se conoce en español como stop loss movible, stop de arrastre o tope dinámico, pero lo más corriente es usar la expresión inglesa "trailing stop", o "trailing stop loss." (N. del T.)

el inversionista está eludiendo su propia responsabilidad sobre su inversión, y al mismo tiempo está evitando tomar decisiones coherentes. Es obvio que esto no forma parte de lo que debe hacer un inversionista profesional que está planificando sus éxitos. Por consiguiente, ya en este momento se recomienda utilizar una parada de *trailing stop loss* con sentido de las proporciones. Es correcto que queremos que haya protección de las ganancias y limitación de las pérdidas: Sí! Pero decisiones sobre nuestras inversiones tomadas por terceros: ¡No!.

Con esto en mente, veamos dos técnicas específicas para usar el *trailing stop loss*.

El primer método se concentra nuevamente en el análisis de gráficos. Así como, cuando planeamos una operación nos valemos del análisis técnico para definir nuestra limitación de *stop loss*, podemos también ahora usar el gráfico para buscar dónde colocar un *trailing stop loss* que cumpla con estos mismos criterios. Aquí también tenemos que preguntarnos en qué punto del gráfico ya no se da la probabilidad de que la operación se cierre con ganancias.

Generalmente, estos puntos se encuentran en los mínimos relativos de un movimiento ascendente y en los máximos relativos de un movimiento descendente.

Ilustrémoslo con un gráfico:

Figura 51: EUR/USD, gráfico de 4 horas (cada valor 4 horas). Después de una fuerte subida, el par construye un tope y una fuerte resistencia y forma un rango de operación entre $1.11798 y $1.10701. Luego del último rebote de la resistencia se abre una operación de corto plazo para beneficiarse de un euro en caída. Cuando se abre la posición, el precio cae dinámicamente hasta el soporte del rango y más adelante hasta el siguiente soporte $1.09936. El stop loss es arrastrado durante el curso de la operación desde un máximo inferior al otro. La operación se cierra parcialmente cuando se alcanzan los objetivos 1 y 2. El último tercio se cierra cuando se alcanza el tope de arrastre en el punto 6. Fuente: www. tradingview.com

Vemos al par EUR/USD en el gráfico de 4 horas.

Luego de un repunte hacia los $1,11830, el par ha construido una resistencia en esa zona, que fue probada varias veces. Con la primera corrección del punto anterior, se construyó un soporte que fue probado dos veces. Después de que el par de divisas no logró romper la resistencia, sino que construyó un pequeño triple techo, era obvio que la tendencia alcista había llegado a su fin. El punto de entrada en una operación en corto es la ruptura por debajo de la baja del triple techo. Una vez que el precio rompe este pequeño soporte, la posición debe abrirse. El precio de entrada en este punto es de $1,11287 dólares. Ponemos un *stop loss* inicial para limitar las pérdidas por encima de la resistencia $1,11810. Como ven, añadimos unos cuantos pips extra para nuestra seguridad. Nuestro riesgo inicial en la apertura de la posición es de 51 pips. Podemos encontrar nuestro primer objetivo de ganancia en el punto más bajo del rango en $1,10701. Desde la entrada hasta nuestro objetivo tenemos un potencial de 58 pips, lo que da una relación riesgo/ganancia planificada de 1,13. No tanto, pero tal vez podamos ir por más. Un vistazo al gráfico también revela que tenemos la posibilidad de otros dos objetivos de ganancia, ya que hay un apoyo a $1,09936 dólares. En este punto, podemos salir de nuestra posición con una ganancia de 135 pips y, por lo tanto, una relación riesgo/ganancia de 2,64. El tercer objetivo de ganancias está en el siguiente nivel de soporte a $1,09437. Si el precio cae hasta este punto, saldremos de la tercera parte de nuestra posición y cerraremos la operación para siempre. Tenga en cuenta que la posibilidad de alcanzar el primer objetivo de ganancia es significativamente mayor que la de alcanzar el segundo, e incluso de alcanzar el tercero.

Luego de abrir la operación, el precio del par de divisas se mueve dinámicamente hacia abajo y estamos inmediatamente en el primer objetivo de ganancia, saliendo de nuestro primer tercio de la posición. Como era de esperarse, el precio rebota allí y forma un máximo más bajo en el punto 1. Queremos aprovechar la oportunidad para ajustar nuestro *stop loss* a este nivel. ¿Pero dónde exactamente?

El primer impulso seguramente es seguir con el *stop loss* directamente por encima del máximo del precio en el gráfico. Y esta es exactamente la razón por la que el *trailing stop* se acompaña a menudo de resultados insatisfactorios. Si colocamos el *stop loss* demasiado cerca del precio, aumentamos la probabilidad de que el *stop loss* se dispare cuando el mercado vuelva a probar el nivel anterior.

Por lo tanto, trata de que haya siempre algo de espacio entre tu *stop loss* y el último valor absoluto alto o bajo, o sea el último máximo o mínimo absolutos. Incluso a riesgo de tomar una posición más pequeña, este procedimiento te salvará de muchas operaciones perdedoras. Esto muy simplemente porque el mercado todavía tiene espacio para moverse y respirar.

Por lo tanto, no estamos colocando nuestra parada de arrastre o *trailing stop loss* directamente sobre el máximo marcado en $1,10929 dólares, sino 5 pips por encima de él a $1,10979 dólares. Especialmente en el gráfico de cuatro horas, 5 pips son apenas perceptibles. En los periodos de tiempo más pequeños, por supuesto, las cosas se ven diferentes. Allí 5 pips ya pueden hacer toda la ganancia de una operación. En consecuencia, la distancia que debe haber más pequeña, 2 pips, puede ser suficiente. Si quieres asegurarte de que no te detengan, desafortunadamente, antes de que sea el tiempo que te convenga, entonces agrégale algunos pips más.

Cuando usamos el *stop loss* móvil o *trailing stop loss*, nuestra situación general cambia por entero. Ya no solamente tenemos un tope de limitación de pérdidas, sino que tenemos un tope para proteger nuestras ganancias. Nuestra nueva parada de pérdidas es ya 30 pips más baja que nuestro precio de entrada. ¡Una situación muy cómoda!

Al segundo objetivo de ganancia se llega a través de una serie de máximos y mínimos más altos. Para nosotros, esta es otra buena oportunidad para fijar con más precisión el *stop loss* una y otra vez. No a $1,10203 dólares en el punto 6, sino a $1,10253 dólares. Después de todo, ¡queremos asegurar nuestras ganancias! Esto significa que, no importa lo que pase, ya tenemos 103 pips de ganancia con 2/3 de nuestra posición.

En última instancia, nuestra paciencia se ve recompensada cuando nuestro segundo objetivo de ganancias se alcanza en los $1,09936 dólares; el segundo tercio de la posición se cierra con una ganancia de 135 pips y una relación riesgo/ganancia de 2,64. Con la especulación de un mayor descenso del precio, el último tercio se mantiene en la inversión. Pero a medida que cada movimiento llega a su fin, el precio se recupera en el soporte y comienza una nueva tendencia alcista, saliendo del último tercio de nuestra operación en el punto 6, con una ganancia de 103 pips.

Resumiendo, con esta inversión hicimos 98 pips con una relación riesgo/ganancia de 1,9.

Tal vez te preguntes por qué utilizamos tres objetivos de ganancia en vez de uno solo. La respuesta es fácil. Se trata de arriesgarnos y sacar el máximo provecho de un negocio. Volveremos a esto más tarde.

Una conclusión que podemos sacar es que una inversión siempre necesita aire para respirar. Por lo tanto, no coloques el *trailing stop* demasiado cerca del precio; de lo contrario, hay un alto riesgo de que te hagan abandonar tu inversión y te saquen del mercado antes de tiempo. Y en realidad esto no es lo que tú quieres. De hecho, lo que quieres es alcanzar tu objetivo de ganancias, ¿verdad? El primer objetivo del *stop loss* era protegerte contra pérdidas desproporcionadas, y ahora en segundo término conservar las ganancias que has ganado. ¡No dejes que el *stop loss* te saque del mercado! Ten esto en cuenta cuando coloques y sigas tu *stop loss*.

Otra forma de fijar un *stop loss movible* o *trailing stop loss* es utilizar un porcentaje fijo o un número fijo de puntos. En muchas plataformas de inversión, esto ya se puede establecer automáticamente. Tu *stop loss* se moverá automáticamente cada vez más lejos hasta que la operación o bien llegue al objetivo de ganancias o bien termine en el *stop loss*. Por supuesto, esto suena muy cómodo al principio. Una operación que se maneja sola. Esto es casi demasiado bueno para ser cierto...

Es obvio que este enfoque es a menudo subóptimo. La explicación es simple. Asumamos que para nuestra operación a largo plazo EUR/USD hubiéramos fijado un stop loss movible cada 25 pips. ¿Qué habría sucedido?

Démosle también un vistazo al gráfico:

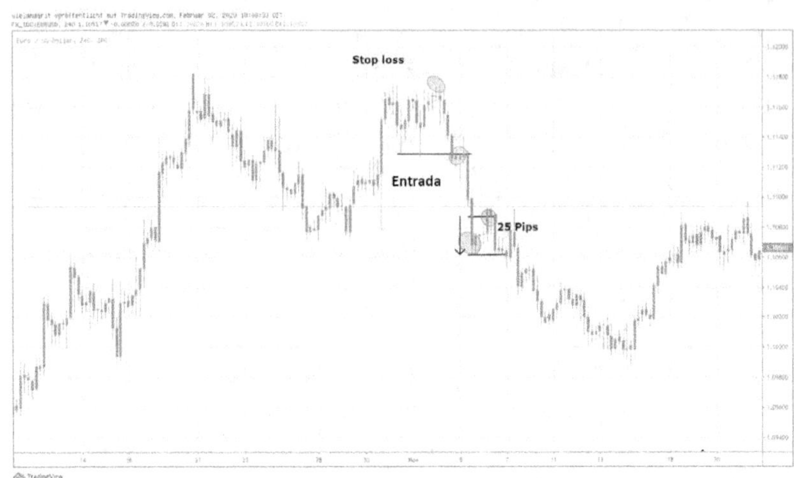

Figura 52: EUR/USD, gráfico de 4 horas (cada valor 4 horas). El stop loss se mueve a 25 pips por encima del precio actual. Fuente: www.tradingview.com

Tenemos un gráfico idéntico al de arriba. Lo único que hemos cambiado es la parada de arrastre o *trailing stop* móvil. Asumiendo que revisamos el *stop loss* cada 25 pips, vamos a mover el *stop loss*, de modo que tengamos siempre una distancia de 25 pips desde el precio actual hasta el *stop loss*. Poco después de que hayamos hecho la inversión, o abierto la operación, el *stop loss* se mueve, bajando el riesgo de la posición y asegurándonos las primeras ganancias.

Como a continuación de nuestra entrada tenemos un gran impulso, los primeros 25 pips de ganancia se alcanzan rápidamente. No importa, ¡Esto es lo que ya hemos ganado!

Mientras el precio siga bajando en dirección a nuestro primer objetivo, seguimos asegurando nuestras ganancias. Con la llegada al primer objetivo dejamos un tercio de la inversión con una ganancia de 58 pips y una ganancia asegurada de 33 pips debida a nuestro *trailing stop*. A medida que el precio cae aún más luego que salimos de nuestro primer tercio, alcanzó un mínimo de 1,10620 dólares. Con una distancia de 25 pips, nuestro *trailing stop* está ahora en

$1,10870, ¡dándonos una ganancia asegurada de 41 pips para los dos tercios restantes de la posición!

Dado que todo movimiento en algún momento llega a su fin, el movimiento dinámico hacia abajo que ha llevado a nuestra inversión tan rápidamente a la ganancia y a nuestro primer objetivo también termina con un retroceso. El precio comienza a subir y desde el mínimo de $1,10620 dólares, el precio pasa por encima de nuestro tope de arrastre de $1,10870 dólares y cerramos nuestra operación con una ganancia obtenida de 41 pips para nuestros últimos dos tercios.

En total, con esta operación hemos obtenido una ganancia de 46 pips. En comparación con el riesgo que hemos tomado para este trade, hemos obtenido una relación riesgo/ganancia de 0,9.

¿Cómo deberíamos juzgar esto? La ganancia es ganancia y, por lo tanto, es buena. Especialmente porque también se generó en un tiempo relativamente corto. Esto también es correcto. Sin embargo, teníamos otro objetivo en mente. Queríamos lograr no solo 46 pips, sino al menos 98. ¡Esto es el doble! Sin embargo, también debemos admitir, para ser justos, que, como hemos visto, estos 98 pips se iban a ganar en un tiempo mucho más largo.

En este punto, ciertamente te habrás dado cuenta de que no puede haber una recomendación de acción que tenga 100% de garantía. Si estás a la caza de victorias rápidas en un entorno muy dinámico e impulsivo, entonces es aconsejable utilizar el segundo método. La otra cara de la moneda es que vas a ser detenido regularmente en correcciones intermedias y la operación va a continuar sin ti. Aquí es exactamente donde las dos variantes difieren.

Como resultado, podemos afirmar que un *stop loss* ajustado, por cualquier razón, prácticamente te va a obligar a salir rápidamente de la posición, a abandonar la inversión. De esta forma, obtendrás ganancias con mayor regularidad, pero siempre serán menores que si obtendrías si siguieras colocando tus stop loss más holgadamente. En última instancia, también es el estado del mercado el que determina si un *trailing stop* o *stop loss* movible es exitoso y significativo. En una tendencia fuerte, el peligro de ser detenido cuando no te convenia que te detuvieran es menor que en un movimiento lateral. En consecuencia, tiene más sentido un stop que asegure los beneficios en un movimiento lateral y un stop loss ajustado en una tendencia fuerte.

Tal vez inevitablemente la Matriz de la Gestión del Dinero viene a la mente durante nuestra discusión. De hecho, un *trailing stop* o *stop movible* tiene efectos concretos en nuestra planificación de éxito según la Matriz de Administración del Dinero. ¿Cuáles son estos?

Si movemos el *stop loss*, este ya no nos saca de la inversión automáticamente, sin que intervengamos directamente en la decisión. Aunque antes de la operación habíamos planeado una cierta relación riesgo/ganancia, al ajustar o mover el *stop loss* ya estamos cambiando la situación. Una pérdida podría fácilmente sacarnos de la operación.

Esto tiene consecuencias, por supuesto. Si actuamos así de manera regular, nuestra relación riesgo/ganancia terminará por reducirse. Por ejemplo, estaremos pasando de 1,5 a 1,3, lo que por sí solo no significa necesariamente nada, pero debemos ser conscientes de que estamos haciendo esto.

La relación riesgo/ganancia obtenida está disminuyendo, porque para asegurar nuestras ganancias estamos retirándonos antes de la inversión. Esto también tiene consecuencias. Nuestras ganancias serán menores, pero estarán allí. De esta manera, el porcentaje de aciertos aumentará, por ejemplo, del 50% al 55%.

Si cerramos las posiciones más rápido, es decir, si abandonamos las inversiones más rápido porque simplemente nos detenemos antes, entonces tenemos la oportunidad de entrar en más operaciones. Esto se debe únicamente a que el capital previamente atado está ahora disponible de nuevo para nuevas operaciones. Esto, a su vez, tiene un impacto en la frecuencia de nuestras operaciones. Aumentará la frecuencia si encontramos oportunidades adecuadas. Tal vez de 100 a 120 operaciones al año.

Esto en cuanto al riesgo. ¿Qué significa para el riesgo que tomamos el que estemos aumentando la tasa de aciertos y la frecuencia de operaciones, y reduciendo la relación riesgo/ganancia? En primer lugar, ya hemos establecido que una alta tasa de aciertos también justifica un riesgo mayor. En principio, podemos poner esto en práctica aquí también. Tal vez del 1,0% al 1,25%. Si llevamos el *stop loss* tras el precio, automática y gradualmente reducimos el riesgo y, por lo tanto, podemos justificar una apuesta más alta. Por otra parte, el número de operaciones aumentará naturalmente el riesgo general. Debemos dar a este punto la importancia adecuada y mantener nuestros resultados bajo constante revisión.

Demos un vistazo a un posible escenario de acuerdo con una parada de arrastre o *trailing stop loss*:

Cuenta de trading	$10.000
Riesgo en %	1,0%
Tasa de aciertos	50%
Relación riesgo/ganancia	1,5
Riesgo en dólares	$100
Frecuencia de operación	100
Ganancia total	$2.500

Cuenta de trading	$10.000
Riesgo en %	1,25%
Tasa de aciertos	55%
Relación riesgo/ganancia	1,3
Riesgo en dólares	$125
Frecuencia de operación	120
Ganancia total	$3.975

Figura 53 y 54: Comparación de los resultados en la Matriz de Administración del Dinero sin y con stop loss de arrastre o movible. Gestionando la posición de forma dirigida, pueden mejorarse los resultados generales de las operaciones.

Vemos que incluso pequeños cambios en los componentes individuales de la Matriz de la Administración del dinero pueden conducir a una mejora significativa de las ganancias. El factor decisivo aquí es la relación riesgo/ganancia real obtenida. Cuanto más se acerque a 1,0, más alta debe ser la tasa de aciertos. Por consiguiente, es importante dejar ambos elementos en una relación saludable. Obtener ganancias sí, pero no a cualquier precio.

Con esto, podemos también terminar nuestra discusión sobre el *trailing stop* y concluir que un *trailing stop* es un medio adecuado para gestionar una operación profesionalmente. El prerrequisito para esto es que la parada de limitación de pérdidas y protección de ganancias no se convierta en una „parada de terminación de las operaciones". Cuál de las variantes presentadas eliges es una cuestión de estilo y gusto personales. También está perfectamente bien si no interfiere en absoluto con tus operaciones.

Miremos ahora al final del tema a nuestros tres traders. ¿Cómo tratan ellos el tema de los trailing stop loss? Rick, ¿Qué opinas de un *trailing stop loss*?

Siempre me ha molestado cuando tengo una ganancia inicial, y veo luego cómo cambian las cosas, mi ganancia desaparece y como resultado veo que termino con una pérdida. El trailing stop es por lo tanto, para mí, una buena oportunidad para proteger mis ganancias, al menos parcialmente. Para mí, el método por defecto tiene sentido. En el futuro, siempre seguiré colocando el trailing stop loss diez pips por detrás del precio actual. Cuando me acerque al área objetivo, colocaré el stop loss más agresivamente junto al precio. Estoy pensando en cinco pips. De esta manera me aseguro de no perder ganancias después que las he acumulado.

Lo que dice Rick es comprensible. Cuanto más se acerca él a la ganancia, más le molesta de que tenga que devolverla. Esto se entiende y también encaja con su agresiva autoevaluación para llevar el *stop loss* en el área objetivo muy cerca del precio. Por un lado, de esta manera no tendrá que regalar muchos pips de las ganancias que ha obtenido, pero, por otro lado, a menudo Rick no alcanzará su objetivo de ganancia. Esto tiene un impacto correspondiente en su relación riesgo/ganancia obtenida; especialmente ya que Rick mantiene su relación riesgo/ganancia planificada relativamente baja, corre el riesgo de empeorar rápidamente sus resultados generales de una manera significativa.

¿Cómo planea Anna la gestión de sus operaciones de posición?

Con mi horizonte de tiempo, un trailing stop loss definitivamente tiene sentido. Especialmente cuando considero las influencias políticas y económicas a las que una compañía y sus acciones están expuestas a lo largo de los meses, tengo que asegurar las ganancias que haya obtenido en algún momento. Sin embargo, para mí el trailing stop loss sigue siendo una parada que sería mejor que no ocurriera. Después de todo, quiero ser recompensada por mi paciencia. Especialmente porque no ejecuto tantas operaciones al año, por eso no puedo permitirme el perturbar o interrumpir mis posiciones. Procederé en consecuencia después del análisis técnico para identificar los puntos adecuados donde puedo colocar el trailing stop loss. Pero como dije, para mí, este nada más en el peor de los casos.

Anna se aferra a su estrategia. Seguro, sí, pero por si acaso. De lo contrario, deja que el trade funcione sin obstáculos.

¿Dónde ve Peter los enfoques para un *trailing stop* en el trading de futuros?

Lo mío no es perder. Sobre todo porque el año pasado no me fue tan bien y para mis próximas operaciones he planeado una ambiciosa relación riesgo/ganancia. Pero cuando pienso en mi tasa de aciertos, ciertamente todavía tengo espacio para mejorar. Con un trailing stop loss puedo tener una influencia directa en la tasa de aciertos. Sin embargo, no creo que pueda alcanzar una relación riesgo/ganancia de 2,0. Eso significaría que el precio iría más allá de lo que había planeado. ¡¿Entonces por qué no me fijo un objetivo aún más alto?! Con todo, me parece que dejaré mi stop loss sin cambios. Lo único que se me ocurre es mover el stop loss a mi entrada después de que el precio se haya movido en el rango de mi riesgo simple.

Entonces dejo mi riesgo prácticamente igual, solo que con la diferencia de que ya no puedo tener pérdidas.

Las consideraciones de Peter revelan otro punto interesante. Asumiendo que el riesgo permanece inalterado, tiene sentido mover el *stop loss* al precio de entrada en el momento en que se alcanza una relación riesgo/ganancia de 1,0. El riesgo permanece sin cambios, excepto que la ganancia acumulada y no ya el propio capital está en riesgo. Por otra parte, la probabilidad de un *stop loss* aumenta en consecuencia, ya que el *stop loss* se ajusta de nuevo al precio actual.

En última instancia, siempre se trata de sopesar si y dónde el *stop loss* irá detrás del precio.

Ahora que hemos discutido el *trailing stop* en detalles, podemos usar el conocimiento obtenido para refinar esta área aún más. Tal vez todavía hay espacio para mejorar en una entrada y salida paso a paso de una inversión.

Entrar, Salir, Subir: ¡Así es Como Puedes Aumentar tus Ganancias Sin Aumentar tus Riesgos!

El uso de un *trailing stop loss* puede influenciar considerablemente los resultados de nuestras operaciones. Sobre todo si miramos la Matriz de Gestión del Dinero, esta herramienta puede proporcionarnos oportunidades muy interesantes. Ahora podemos ir aún más lejos y analizar el impacto que puede tener en nuestros resultados una entrada o salida gradual de una posición. Antes que nada, sin embargo, debes saber que a estas alturas ya estamos hablando de técnicas y estrategias para inversionistas avanzados. Avanzados en dos sentidos. Por un lado, estas son estrategias algo más complejas y que requieren más cálculos que las sugerencias que hemos dado anteriormente. Por otro lado, estas estrategias solo pueden ser implementadas completamente una vez que tengas una cuenta de trading de cierto tamaño.

Comencemos de inmediato proponiendo una operación. Hasta ahora, siempre hemos tenido en cuenta la inversión total. ¡Basta de esto! Miremos ahora dos opciones a una inversión entrando paso-a-paso en el mercado.

Una variante a la entrada que hemos llamado paso-a-paso es lo que podríamos llamar una entrada "escalonada" en el mercado, que consiste en colocar una parte de la inversión, antes del momento en el que habíamos planeado invertir. Con esta variación, un poco agresiva, ya estaremos dentro cuando llegue el momento en el que habíamos planeado entrar. Y en ese momento, cuando habíamos planeado entrar, colocamos el resto de la inversión que habíamos planeado.

Si, por el contrario, vemos que ya con ese anticipo de inversión nuestra estrategia no está funcionando, apenas corremos un riesgo reducido con esta "subposición", menor que el total que habíamos planeado, con lo que, en caso de pérdida, te detienes en ese punto. La ventaja de este método de entrar antes es que te puedes beneficiar del movimiento desde el principio, sin aumentar desproporcionadamente tu riesgo.

La segunda forma de empezar en varios pasos es seguir una tendencia a medida que pasa el tiempo. Aquí la estrategia es aumentar gradualmente la posición después de que ya estás en ganancias. Así puedes ir aumentando tu inversión y aumentando tus ganancias sin tomar riesgos adicionales. Para este enfoque, ¡es esencial tanto manejar el riesgo como estar muy atento a la operación!

Démosle un vistazo a la primera opción de entrar gradualmente a una operación:

Figura 55: ÍNDICE NASDAQ 100, gráfico semanal (cada valor una semana). Después de una fuerte subida, el índice Nasdaq 100 cayó al punto 1, subió de ahí al punto 2 y luego volvió a caer al punto 3, formando un mínimo más alto dentro de una corrección de tendencia. Con la ruptura hasta el punto 2 es probable que continúe la tendencia alcista. Una entrada anterior proporcionaría oportunidades adicionales de ganar. Fuente: www. tradingview.com

Vemos el índice Nasdaq 100 en este gráfico semanal. Como resultado de la fuerte corrección del movimiento anterior ascendente, el Nasdaq 100 ha caído al punto 1, a 3.787 puntos. A partir de ahí, un primer movimiento ascendente de nuevo en la tendencia lo llevó al punto 2, que estaba formando un nuevo y ligero máximo de 4.739 puntos. El siguiente movimiento descendente no pudo marcar un nuevo mínimo, pero se detuvo en el punto 3, en 3.888 puntos. Con estos tres puntos y el enfoque clásico de entrar en el mercado con la ruptura del punto 2, podríamos abrir una operación con la idea de seguir la tendencia, una vez que se alcance y se rompa el punto 2. Así que, tal como se asumió a partir del punto 3, el Nasdaq 100 reanudó su impulso ascendente inicial con una serie de valores en verde. Pero este movimiento no condujo a un nuevo máximo, sino que el precio se detuvo en el último tercio del rango y se desvió durante un tiempo, ofreciendo una buena oportunidad de entrar en el mercado a un mejor precio.

Podemos aumentar nuestras posibilidades de ganar, no entrando en el mercado con toda nuestra inversión, sino dividiéndola en varias subposiciones. Dejamos sin cambios tanto el punto de entrada planeado como el *stop loss* inicial. También dejamos el tamaño de la posición sin cambios. Estas son las condiciones básicas para nuestra primera variante.

En este punto vamos a asumir que partimos nuestra inversión en dos posiciones parciales. Queremos entrar al mercado con una parte de nuestra inversión cuando se alcance el punto de entrada, como hemos hecho hasta ahora. Pero con la otra parte queremos entrar antes al mercado. El *stop loss* es idéntico en cada caso, de modo que la gestión de la posición global puede hacerse en la forma habitual después que se alcance el punto de entrada. El único cambio es que estamos anticipando la entrada de parte de nuestra inversión.

Para abrir nuestra primera posición parcial, necesitamos identificar un punto en el gráfico, donde haya probabilidad de que el precio se mueva en la dirección que queremos.

Este punto es la ruptura del rango pequeño, y su punto más alto en 4.574 puntos. Cuando se llegue a este máximo, hay muchas posibilidades de que haya terminado la corrección de precio, y que continúe la tendencia alcista anterior, incluyendo la ruptura del punto 2, que es el punto donde queremos completar nuestra operación con la segunda mitad de la inversión.

Démosle a todo esto un vistazo más de cerca. Dentro del pequeño rango, el Nasdaq 100 forma un mínimo más alto de nuevo, que es seguido por una larga zona verde que abraza los rojos. Podemos ver esto por el hecho de que después de una corta corrección, el precio ya está subiendo nuevamente, y continúa el movimiento ascendente. Este hecho confirma nuestra evaluación positiva.

Parece en ese momento probable una continuación del movimiento ascendente y una ruptura de la altura en el punto 2. Esto a su vez nos permite abrir nuestra subposición en la entrada 1. Si el mercado continúa ahora su movimiento al alza, ya estaremos ganando con 165 puntos cuando invirtamos la segunda parte de nuestra posición en nuestra entrada 2, en 4.739 puntos. A partir de este momento la posición está completa y la gestión va como de costumbre.

Como resultado de la primera posición parcial, ¡ya tenemos una ganancia de 165 puntos en comparación con una entrada completa! Y la mejor parte es que nuestro riesgo absoluto no ha cambiado.

Sin embargo, y debemos también tener esto en cuenta, al anticipar nuestra entrada al mercado, al mismo tiempo estamos corriendo un riesgo adicional que no habríamos asumido con nuestra planificación original. De hecho, estamos en el mercado antes de tener lo que habíamos tomado como la señal de entrada. Si en ese momento el mercado retrocede, vamos a tener que cerrar nuestra posición parcial, es decir, abandonar nuestra inversión anticipada, como una operación perdedora. Debido a que estamos más temprano en el mercado, podemos ser capaces de hacer operaciones que no habríamos hecho con nuestra estrategia original.

Como ya lo sabemos, esto naturalmente tiene un impacto en nuestra tasa de aciertos. Inevitablemente se va a deteriorar. Porque si nuestra estrategia funciona, abriremos la segunda subposición como estaba previsto y, por lo tanto, no hay ninguna diferencia ya que de todos modos estamos en el mercado. Sin embargo, si la estrategia no funciona, estamos añadiéndole a nuestros resultados un perdedor adicional que de otra manera no tendríamos.

Esta forma de entrada anticipada también va a aumentar el riesgo general. En caso de pérdida, solo se incurre en la mitad del riesgo previsto, pero ya que vamos a tener un menor porcentaje de aciertos, vamos a resultar con un riesgo general mayor.

La buena noticia es que de esta manera, si nuestro enfoque funciona, estamos aumentando nuestra relación riesgo/ganancia obtenida. Porque si esta idea de trading funciona y alcanzamos nuestro objetivo de ganancia, aumentamos entonces nuestra ganancia absoluta, como ya hemos visto.

La frecuencia de nuestras operaciones también aumentará, ya que entraremos antes en el mercado con una posición parcial en lugar de con la posición total. Esto significa que no solamente vamos a anticipar nuestra entrada, sino que vamos a hacer más operaciones. Es decir, vamos a actuar más a menudo en el mercado.

Como resultado, podemos afirmar con respecto a esta variante que utilizando dos subposiciones podemos aumentar la relación riesgo/ganancia obtenida, en algunos casos de manera significativa. La menor tasa de aciertos y el aumento de la frecuencia de operación se ven mitigados por el hecho de que en caso de pérdida, apenas perdemos con la mitad de la inversión. Lo que también hay que tener en cuenta aquí son los costos de transacción incurridos por cada subposición. Dependiendo del producto que estemos operando, las comisiones y en general los costos de cada transacción pueden reducir considerablemente las ganancias adicionales.

También hemos mencionado una segunda opción que nos permitiría aumentar nuestras ganancias manteniendo el riesgo que estamos corriendo. Ya hemos descubierto que aunque aumentemos nuestras ganancias entrando antes en el mercado, tenemos que aceptar que nuestra tasa de aciertos caerá. Tal vez podamos hacerlo de otra manera.

Por ejemplo, podríamos aumentar nuestra posición gradualmente, y así construir una pirámide, por así decirlo. Podríamos entonces entrar al mercado con toda la inversión que habíamos planeado, y luego podríamos irla aumentando con cada nueva oportunidad. Demos también un vistazo a cómo se ve esto en el gráfico.

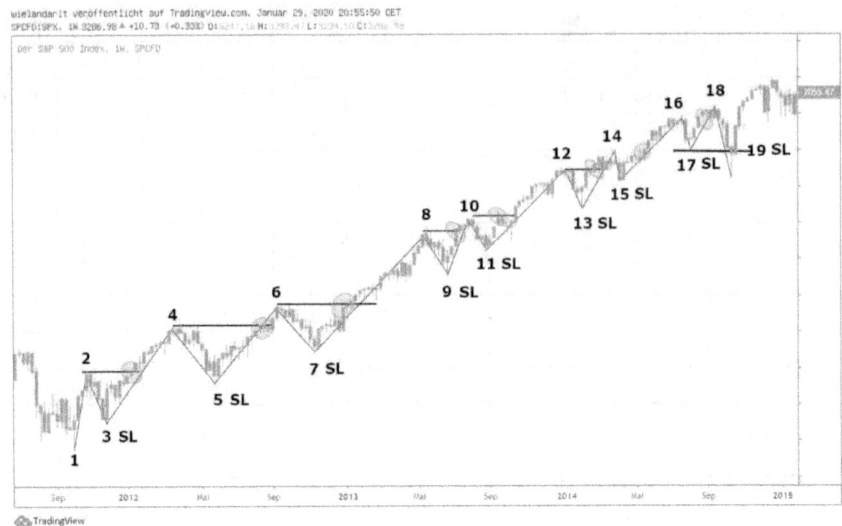

Figura 56: ÍNDICE S&P 500, gráfico semanal (cada valor una semana). El S&P 500 cayó al punto 1, subió de ahí al punto 2 y luego volvió a caer al punto 3. La nueva tendencia se establece con la ruptura del punto 2. Las entradas después de cada corrección en los puntos 4, 6, 8, 10, 12, 14, 16 e incluso 18, resultan en oportunidades adicionales de obtener ganancias. Fuente: www.tradingview.com

Después de nuestra entrada en el índice S&P 500 con una ruptura del punto 2 en 1.295 puntos, abrimos nuestra posición en su totalidad según lo habíamos previsto. El precio se mueve directamente en nuestra dirección y comenzamos a tener nuestras primeras ganancias en libros. El precio sube hasta el punto 4, en 1.425 puntos para corregir desde allí. El descenso lleva al S&P 500 al punto 5, en 1.241 puntos.

Sin embargo, como hemos llevado a cabo concienzudamente nuestro análisis técnico, no dejamos que esto nos afecte. Al contrario. Para nosotros es una buena oportunidad para aumentar nuestra posición a un precio favorable, y así aumentar nuestras posibilidades de ganancia en la actual tendencia recién iniciada.

Queremos aprovechar esta oportunidad rompiendo el último pico en el punto 4. A primera vista, es obvio que el punto 5 es un nuevo *stop loss* para nuestra nueva posición. Para no aumentar el riesgo global de las dos posiciones, movemos nuestro stop loss de la primera operación por debajo del punto 5. Como resultado, ahora tenemos el mismo *stop loss* para ambas posiciones.

Debemos tener en cuenta que nuestra primera operación en el punto 5 sigue en riesgo con casi un tercio de la inversión. Por supuesto, no queremos aumentar nuestro riesgo global de ambas posiciones, sino mantenerlo constante. Esto significa que debemos mantener el tamaño de nuestra segunda posición correspondientemente más pequeña que la primera.

Como recordatorio, no queremos correr un riesgo general mayor con la suma de nuestras posiciones que el previsto con la posición original. ¡Esta es la única manera de optimizar nuestras posibilidades de ganar, sin correr riesgos adicionales!

Veamos de nuevo el gráfico. El S&P 500 continúa su movimiento ascendente desde el punto 5, y con el avance del punto 4 abrimos nuestra segunda posición y el correspondiente stop loss como estaba previsto.

Poco después de romper, el precio comienza a volver de nuevo desde el punto 6 a 1.477 puntos y cae al punto 7, a 1.318 puntos. Esta es otra buena oportunidad que tenemos de aumentar nuestra posición general con la tendencia alcista que estamos viendo. Elegimos la ruptura del punto 6 de nuevo como siguiente punto de entrada y tomamos como *stop loss* para la nueva posición el último mínimo en el punto 7. Por supuesto, no exactamente en ese punto, sino siempre unos pocos puntos por debajo. Después de todo, no queremos que nos detengan demasiado pronto. En nuestras dos posiciones existentes el *stop loss* también está incluido en el punto 7.

Ahora ya hemos asegurado nuestra primera inversión con 23 puntos de ganancia y la segunda con 107 puntos en riesgo. Podemos en consecuencia determinar el tamaño de nuestra posición en la tercera operación.

Después de la ruptura del punto 6, el precio sube a un nuevo máximo en el punto 8, a 1.690 puntos, y desde allí cae ligeramente hasta el punto 9, a 1.535 puntos. Una vez más, queremos aprovechar la oportunidad para ampliar aún más nuestra posición general. Con una ruptura a través del punto 8, abrimos nuestra siguiente posición y para todas las operaciones actuales fijamos el *stop loss* por debajo del punto 9, en 1.535 puntos.

En total, hemos asegurado así el primer trade con más de 240 puntos, el segundo con 110 puntos y el tercero con 58 puntos de ganancia. Tenemos el cuarto trade en riesgo con 155 puntos. Por lo tanto, en caso de una parada, tenemos que deducir esos 155 puntos de la ganancia total.

Continuamos añadiendo operación por operación a nuestra posición con cada corrección y cada siguiente ruptura de un máximo anterior desde los puntos 10 a 18, y siguiendo el stop loss desde cada nuevo mínimo superior hasta el siguiente. En total, ¡tenemos la oportunidad de abrir ocho posiciones con una ganancia acumulada y asegurada de más de 3.000 puntos!

Pero incluso la tendencia más hermosa, en algún momento llega a su fin, y así el precio cae inmediatamente después de nuestra entrada en el punto 18, por debajo del último mínimo en el punto 19. Nos detenemos en 1.879, o sea 25 puntos por debajo del último mínimo, y cerramos todas las posiciones.

Stop Loss	Riesgo (Puntos)	Stop Loss 1	Riesgo (Puntos)	Stop Loss 2	Riesgo (Puntos)	Stop Loss 3	Riesgo (Puntos)	Stop Loss 4	Riesgo (Puntos)	Stop Loss 5	Riesgo (Puntos)	Stop Loss 6	Riesgo (Puntos)	Stop Loss
…33	-162	1.241	-54	1.318	23	1.535	240	1.602	307	1.712	417	1.789	494	1.8…
		1.241	-184	1.318	-107	1.535	110	1.602	177	1.712	287	1.789	364	1.8…
				1.318	-159	1.535	58	1.602	125	1.712	235	1.789	312	1.8…
						1.535	-155	1.602	-88	1.712	22	1.789	99	1.8…
								1.602	-110	1.712	0	1.789	77	1.8…
										1.712	-140	1.789	-63	1.8…
												1.789	-111	1.8…
														1.8…

…isión general de las operaciones individuales de la posición global. Precio de entrada, stop loss y trailir…
…sgo o ganancia acumulados. Siempre se añaden tres puntos a los precios de entrada para no operar el pu…
…siempre incluye un colchón de seguridad de 25 puntos hasta el punto mínimo correspondiente.

Como resultado, ¡podemos reportar una ganancia total de 3.566 puntos! Si ahora comparamos esto con el resultado que hubiéramos logrado con solamente la primera posición, entonces a primera vista el resultado es un cambio radical. Con la pirámide, el *trailing stop loss* y con las siete operaciones que hemos hecho, hemos ganado casi 3.000 puntos más que los que hubiéramos ganado con solamente la primera posición. Es de notar que tuvimos ganancias a partir de la operación número cuatro.

Una última consideración. El cálculo se presentó deliberadamente en puntos para dar una idea del procedimiento básico. En la práctica, por supuesto, el tamaño de la posición correspondiente también forma parte de los puntos, de modo que los resultados reales serán diferentes.

Un punto importante que queda claro es que se aconseja que con cada nueva inversión reduzcamos un poco el tamaño de la posición, simplemente para no poner en peligro las ganancias acumuladas hasta ese momento. Imagina este método como una pirámide. La primera operación es la base y representa la mayor posición. A la segunda operación, por ejemplo, únicamente le asignas el 75%, a la tercera el 50% y la cuarta inversión puede ser del 25% de la inversión original. Haciendo esto, nos aseguramos el maximizar nuestro potencial de ganancias mientras que, al mismo tiempo, estamos protegiendo las ganancias que hasta ese momento hemos acumulado. Recuerda siempre que incluso la tendencia más bella terminará en algún momento y el peligro de una corrección aumenta con el tiempo.

En la práctica, con frecuencia puede suceder que el último trade será un perdedor. Por esta razón, la pirámide está apuntando hacia la cima y las inversiones que hacemos son cada vez más pequeñas.

En la práctica, talvez no podrás llevar a cabo esta estrategia como hemos descrito, pues muchas veces no serán posible dividir ilimitadamente las acciones, los ETFs o los futuros. Por esto en la práctica no podrás tener una estructura piramidal infinita, pero con frecuencia podremos hacer una pirámide de dos o tres niveles. Esto debería ser suficiente para mantener ganancias en una tendencia por un tiempo suficiente, antes de que cambie la tendencia.

Como regla general, podemos afirmar que cuanto más grande sea tu cuenta y, por lo tanto, mayor el riesgo que estás corriendo, mayores serán las posiciones a dividir y más fácil te resultará construir una pirámide.

¿Qué significa para nuestra Matriz de Administración del Dinero construir una estructura piramidal? Si somos muy precisos, tendríamos que estar tomando decisiones con cada una de nuestras inversiones. En consecuencia, con la pirámide estamos aumentando la frecuencia de nuestras operaciones. A medida que llevamos una tendencia hasta el final con más y más posiciones nuevas, también podremos aumentar ligeramente nuestra tasa de aciertos. El hecho de que el último trade generalmente pierda no cambia mucho. Por otra parte, nuestra relación riesgo/ganancia obtenida disminuirá en general porque siempre tendremos un gran ganador con nosotros, pero también muchos más pequeños, como hemos visto anteriormente.

Esto significa: alta frecuencia de operaciones, alta tasa de aciertos y menor relación riesgo/ganancia. En resumen, una pirámide es entonces una buena forma de mejorar los resultados de tus operaciones, siempre y cuando mantengamos la relación riesgo/ganancia realizada por encima de uno (1,0).

Lo que nos queda es tener en cuenta el riesgo. Si construimos correctamente la pirámide, el riesgo general nunca debería ser mayor que el riesgo individual. Al contrario: con cada nuevo escalón de la pirámide, el riesgo se reduce a medida que las posiciones se hacen más pequeñas. Al mismo tiempo, las paradas de las posiciones que ya están en marcha son arrastradas al nuevo *stop loss*. El resultado final es que aunque estamos haciendo más inversiones, es decir tomando más posiciones, no estamos aumentando nuestro riesgo global. Desde este punto de vista, también, no hay nada que decir en contra de una pirámide construida profesionalmente.

Como conclusión, podemos afirmar que aumentando gradualmente las posiciones, podemos explotar al máximo la posibilidad de obtener ganancias de una inversión. La entrada con inversiones parciales te da las mejores oportunidades sin aumentar el riesgo que estás corriendo. El requisito previo, sin embargo, es que tu inversión puedas dividirla (podría no ser posible invertir media acción o un 25% de una acción). Si no es así, no es fácil aplicar esta estrategia. Por esto, elige siempre un producto para tu negociación que te permita dividir tu inversión.

Cuando se construye una pirámide, el desafío es mayor. Esto se debe a que con cada paso, se deben poner en riesgo cantidades más pequeñas, lo que requiere tamaños de posición, o sea montos de la inversión, más pequeños. Con la "piramidalización", la gestión sofisticada del riesgo es crucial para el éxito. Particularmente bajo el aspecto de que, a medida que pasa el tiempo, hay más posibilidad de que ocurra una corrección, y de que, por lo tanto, aumente el peligro de no poder continuar. La base de todo es el monto de la inversión y, en caso de duda, ¡es mejor mantenerse a la defensiva en este aspecto!

En relación con las inversiones graduales o paso-a-paso, solo hemos tratado con el punto de entrada. En el siguiente punto, veremos también el punto de salida: la escalada hacia afuera. Aplicando el mismo principio y saliéndonos poco a poco podemos también mejorar nuestro resultado general.

Miremos el gráfico de nuevo:

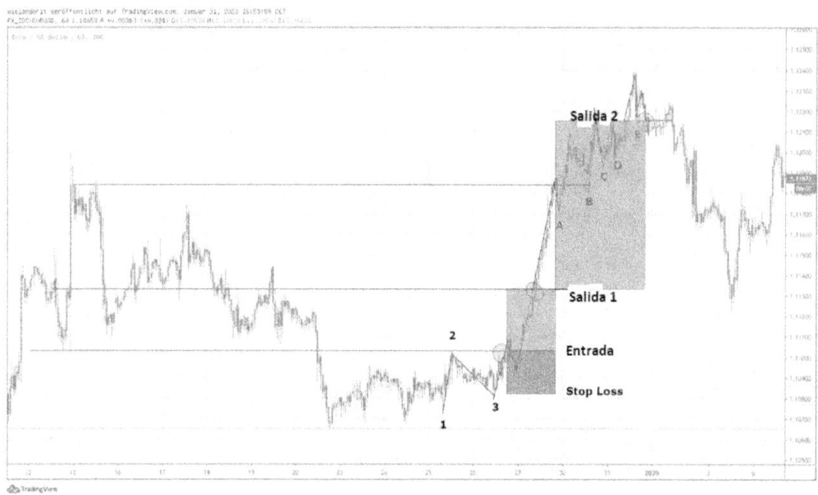

Figura 58: EUR/USD, gráfico de 60 minutos (cada valor 60 minutos). El precio de la divisa se salió de un rango y se fue a un empinado repunte, alcanzando el primer objetivo en un movimiento audaz. Luego subió hasta la resistencia principal. Después de romper, el camino hacia arriba fue interrumpido por varias correcciones cortas. Los mínimos de las correcciones proporcionan buenos puntos de referencia para un trailing stop. Los cuadros muestran la relación riesgo/ganancia y la ganancia adicional lograda con la subposición. Fuente: www. tradingview.com

En el ejemplo estamos invirtiendo en el par EUR/USD, y especulando con un euro en alza. Después de que tocó fondo en el punto 1, el par inicialmente subió al punto 2 y luego bajó al punto 3. A partir de ahí el par se dispara de nuevo hacia el alza.

Lo que queremos inicialmente es elegir un punto a través del punto 2, a $1,11023 dólares como nuestra señal de entrada, y abrir nuestra posición cuando se cruce este punto. El *stop loss* se establece en el punto 3, y nos hemos fijado el objetivo de ganancia con una relación riesgo/ganancia prevista de 1,5. Esto significa que con un riesgo de 21 pips queremos obtener una ganancia redondeada a 32 pips. Por lo tanto, colocamos el objetivo de ganancia en $1,11343 dólares.

Un vistazo al gráfico nos dice que hay varios obstáculos a superar en el camino hacia el objetivo, que podemos identificar como una resistencia importante ligeramente por encima del punto 2, seguida de una resistencia construida por algunos mínimos anteriores. Debido a que el par puede experimentar aquí algunas correcciones, el objetivo de ganancia de una RRR de 1,5 corresponde bastante bien a nuestro análisis técnico. De las operaciones anteriores ya conoces cómo es este escenario clásico.

Hasta ahora, siempre hemos obtenido buenos resultados, porque una buena relación riesgo/ganancia planificada y obtenida nos lleva muy lejos en nuestra planificación del éxito.

Ahora queremos elegir una estrategia de salida diferente. Para ello, fijamos nuestro objetivo de ganancias como se describe. Pero queremos salir allí únicamente con la mitad de nuestra inversión. También queremos al mismo tiempo dejar la otra mitad bien asegurada.

Volvamos a nuestra operación. El precio sube rápidamente y sin dudarlo después de nuestra entrada. A medida que el par sube cada vez más, se alcanza nuestro objetivo de ganancia. Como estaba previsto, estamos saliendo de la mitad de nuestra posición y recogiendo nuestra ganancia. Así hemos logrado una relación riesgo/ganancia de 1,5 para esta parte de la posición. Dejaremos ir el resto de la posición. Ahora podemos seguir la pista del *stop loss* hasta que la posición parcial se detenga.

Por lo tanto, queremos rastrear el *stop loss* de la subposición restante bajo cada mínimo superior recién creado. Ahora que hemos dejado la primera mitad de nuestra inversión, el precio está cayendo de nuevo un poco hasta el punto A. Este punto es ahora el nuevo *stop loss*. Cuando los mínimos B, C y D se marcan después de una nueva subida, movemos también nuestro *stop loss* debajo de estos puntos.

Con un *stop loss* bajo el punto E a $1,12160 dólares, ya tenemos 123 pips de ganancia si cerramos la posición en este punto.

El EUR/USD sigue subiendo desde el punto E, pero no alcanza un nuevo máximo. En lugar de esto, cayó por debajo del último mínimo en nuestro *trailing stop loss* de $1,12160 dólares. En este punto obtenemos una ganancia con nuestra subposición restante de 123 pips. ¡Junto con la primera mitad de nuestra posición, esto nos lleva a una relación riesgo/ganancia de 3,7! Si ahora comparamos este resultado con lo que hubiéramos logrado sin dividir la posición, la ventaja de esta estrategia se hace evidente.

Para completar la consideración, también podemos revisar un cálculo para esta inversión. Como se mencionó al principio, esta estrategia solo puede describirse a partir de un cierto tamaño de la cuenta de trading. Para simplificar, tomemos una cuenta de trading con un capital de $20.000 dólares como base para nuestros cálculos. Queremos tomar el 1% de esto como riesgo, lo que da una cantidad de riesgo absoluto de $200 dólares, o para que sea práctico para nuestro cálculo, de $210 dólares. En el mercado de divisas podemos operar un lote o $100.000 dólares[29] bajo este perfil de riesgo. Esta cantidad de riesgo forma la base del siguiente cálculo.

---

29   Un lote equivale a $100.000 dólares en EUR/USD. Un mini lote es entonces $10.000 dólares y un micro lote es de $1.000 dólares.

	Posición Sencilla	Posición Parte 1	Posición Parte 2	Ganancia Total
Entrada	$1,11023			
Stop Loss	$1,10810		$1,12260	
Riesgo en Pips	21			
Objetivo de Ganancia	$1,11343	$1,11343		
Ganancia en Pips	32			
RRR planeada	1,5			
Ganancia Pips. Parte 1		32		
Ganancia Pips. Parte 2			123	
RRR Obtenido	**1,5**	1,5	5,9	**3,7**
Tamaño de Posición	$100.000	$50.000	$50.000	
Riesgo absolute	$210			
Ganancia absoluta	**$320**			
Ganancia Parte 1		$160		
Ganancia Parte 2			$615	**$775**

Figura 59: El cálculo de nuestro trade en EUR/USD. Basado en una cuenta de trading con $20.000 dólares y un riesgo de 1%, los resultados se muestran con una sola posición y con la división de la posición. Debido a la posición dividida, la ganancia total podría aumentar significativamente.

Vemos en el cálculo que hemos alcanzado una relación riesgo/ganancia de 5,9 con la segunda subposición. Esto es más que respetable. Sin embargo, a pesar de los indudablemente buenos resultados, debemos señalar de nuevo que, como lamentablemente es el caso, no siempre obtenemos ganancias con la subposición restante, pero también experimentaremos regularmente que el precio lleva al *stop loss* en una etapa temprana. Por lo tanto, no es tan evidente que estos resultados sean realmente tan buenos.

Debes tener en cuenta, de todos modos, de que al dividir la posición, estás preservando la posibilidad de obtener ganancias adicionales, pero si estas no se producen, entonces te habrá ido mucho peor en total, que si hubieras liquidado la posición en su conjunto.

Esto nos lleva directamente a un examen crítico usando la Matriz de Administración del Dinero. Debido a la reducción en caso de ganancia, nuestra tasa de aciertos se mantiene sin cambios. El trade es un éxito, ya sea a la mitad o el total. Sin embargo, esto presupone que consideramos las dos subposiciones como una sola operación. Como abrimos la operación como una sola, también podemos proceder de este modo. La tasa de aciertos, por lo tanto, permanece sin cambios. ¿Cuál es la frecuencia de operaciones? También permanece sin cambios. La distribución, en caso de ganancia, no cambia esto. Pero lo que cambia son los costos de transacción. Se incrementan por los costos de cerrar la posición restante. Los costos aumentan fundamentalmente el riesgo, porque eso es lo que son. Aparte de esto, el riesgo de la posición no se ve afectado. Si el *stop loss* se desplaza al punto de entrada tan pronto como se alcanza el objetivo de ganancia, el riesgo se elimina. El único riesgo que queda es que la subposición restante no obtenga ganancias, sino que se detenga en el punto de entrada con un punto de equilibrio, lo que, por supuesto, tiene consecuencias directas en la relación riesgo/ganancia realizada. Esto se debe a que si la subposición restante no obtiene ganancias, sino que se cierra alrededor del punto de equilibrio, ¡entonces la relación riesgo/ganancia realizada se reduce a la mitad! Comparado con el riesgo original, ¡solo conseguimos la mitad de lo que necesitamos para operar de manera rentable!

Dejemos que esta perspicacia nuestra tenga algún efecto. Asumiendo que maximizamos nuestras ganancias, corremos el riesgo de reducir a la mitad nuestra relación riesgo/ganancia. Esto resulta en una consecuencia esencial para ti. Solamente uses este método si estás operando un mercado o valor que está en una fase de fuerte tendencia. Cuanto más lejos vaya la tendencia, más estrechamente tienes que buscar señales de reversión. Estas pueden ser patrones o formaciones de valores. ¡Esta estrategia también requiere una gestión profesional del trade!

En relación con la escalada, veamos otra idea que podemos emplear para manejar profesionalmente nuestros resultados. Esta estrategia no trata tanto de maximizar las ganancias, no lo lograremos con esta estrategia, sino más bien de minimizar las pérdidas. En consecuencia, vemos entonces cómo podemos manejar posiciones parciales cuando no estamos en ganancia sino en pérdida.

Démosle un vistazo a otro gráfico:

Figura 60: ALIBABA GROUP HOLDINGS LTD. (BABA), gráfico semanal (cada valor una semana). BABA mostró las primeras tendencias de reversión marcando un nuevo máximo interino y corrigiendo a un mínimo más alto. La ruptura del punto 2 debería continuar la tendencia. Una escalada en la pérdida reduce la pérdida total. Fuente: www. tradingview.com

Supongamos que queremos operar con BABA. Para obtener una base tranquila y sólida para la toma de decisiones, elegimos el gráfico semanal como escenario para nuestro análisis gráfico. Podemos ver que el BABA se ha corregido dentro de una tendencia alcista al punto 1, a $164,25 dólares. Desde allí la acción subió de nuevo a un nuevo máximo de 206,20 dólares y se vendió de nuevo a un mínimo más alto en el punto 3, a $166,13 dólares. Queremos especular con una nueva subida y abrir la operación cuando se supere el punto 2. En perjuicio nuestro, el BABA no está funcionando como querríamos, sino que está haciendo exactamente lo contrario. Comienza a caer inmediatamente después de la vacilación inicial. Todo parece como si nos estuviéramos topando con nuestro *stop loss*, que hemos colocado por debajo del punto 1, en \$164,20 dólares. Normalmente estaría por debajo del punto 3, pero como el 1 y el 3 están muy cerca, decidimos hacerlo un poco más seguro, y darle al mercado un poco más de espacio para sus movimientos.

Básicamente, esto no es un gran problema, porque nuestra gestión profesional de riesgos nos protege de pérdidas no planificadas. Pero eso no significa que disfrutemos perdiendo, y que simplemente tengamos que quedarnos quietos y ver cómo el trade se convierte en un perdedor. Tampoco queremos salir de esto tan directamente, porque ya hemos hablado del hecho de que es bastante contraproducente interrumpir un trade. Tal vez el mercado necesita apenas un poco de aire para respirar.

Entonces, ¿Qué podemos hacer aparte de esperar a ver cómo se detiene el trade? También, en el caso de pérdidas, podemos operar una gestión activa del trade. En caso de pérdidas, también puede ser aconsejable dividir tu posición en subposiciones. Una buena posibilidad para llevar a cabo esto profesionalmente es, por ejemplo, la salida parcial según los criterios técnicos de los gráficos.

En el gráfico que estamos revisando, el precio en el punto A es al menos un primer movimiento ascendente, ya que forma una zona verde y una inversión aquí del punto A al C. Podemos tomar este punto verde y la inversión como una oportunidad para reducir nuestra posición. Para ello, fijamos el tope de pérdida para nuestra posición parcial, por ejemplo, la mitad de la posición total, en el punto C, a 184,75. Si el precio cae por debajo del punto C, saldremos con la mitad de nuestra posición. Luego tomamos la primera pérdida y dejamos la otra mitad sin cambios. Esta mitad restante todavía está protegida por el *stop loss* original.

Nuestra ventaja dentro de esta estrategia es que podemos reducir nuestra pérdida, y al mismo tiempo preservar la posibilidad de un resultado positivo. De esta manera, manejamos bien tanto nuestro riesgo como la gestión de nuestro dinero.

Sin embargo, aquí tenemos que asegurarnos de que no estemos saliendo demasiado pronto de nuestra inversión. Una posición que cortamos demasiado pronto tiene pocas posibilidades de llegar a la meta como una gran ganadora. Esto se debe a que, incluso si el resultado sigue siendo positivo, primero tenemos vamos a tener que restarle a las ganancias las pérdidas que tengamos en la inversión restante. En el mejor de los casos, todavía terminamos en ganancia, pero como regla general podemos estar contentos si terminamos solo en el punto de equilibrio y no tenemos que pagar de nuestro bolsillo los costos de las transacciones. Por esta razón, no debemos actuar precipitadamente, sino siempre conscientemente y basados en criterios fijos. En este punto, la técnica de los gráficos nos sirve para determinar en qué momento la probabilidad es más fuerte contra nosotros y no nos favorece.

Veamos también el resultado en términos de cifras concretas:

	Posición Sencilla	Posición Parte 1	Posición Parte 2	Ganancia Total
Entrada	$206,20			
Stop Loss	$164,20	$184,75	$164,20	
Riesgo en USD	$42,00	$21,45	$42,00	
Número de Acciones	11	6	5	
Tamaño de posición	$2.268,20			
Riesgo absolute	$462,00			
Pérdida absoluta	-$462,00	-$128,70	-$210,00	-$338,70

Figura 61: Al disolver una posición parcial, la pérdida total se reduce en más de un 26%.

Las cifras hablan por sí solas. Asumiendo que tomamos una cuenta de $50.000 dólares como base y que, como de costumbre, arriesgamos el 1% de nuestra cuenta para esta operación, podemos comprar 11 acciones de BABA. Vendiendo la mitad de ellas, 6 de las 11, pudimos reducir nuestra pérdida en un 26,7%. Después de todo. Una pérdida ahorrada es casi como una ganancia. ¡Incrementa la base financiera para nuestra próxima transacción!

El Time-Warp: Cómo Vincular Diferentes Tiempos

Aunque ahora estamos ya muy avanzados en nuestras consideraciones, y a un nivel profesional muy alto, puedes añadir otra idea a tus conocimientos.

Hasta ahora, siempre hemos asumido que nos movemos en un solo tiempo, es decir en unas horas, un día, una semana, etc. Las entradas y salidas estaban todas con una misma referencia de tiempo. Por ejemplo, el análisis de una inversión solamente se hacía en el gráfico de 60 minutos, en el de 4 horas, el diario o el semanal. En consecuencia, los puntos de entrada y salida se determinaban también en el mismo gráfico. Esto está bien y ha demostrado que nos trae resultados claramente positivos.

Y este es precisamente el punto en el que queremos comenzar nuestras consideraciones posteriores. Ya hemos revisado los estilos de trading que se utilizan en diferentes tiempos. ¿Pero por qué deberíamos comprometernos en un único marco temporal, cuando podríamos mirar también más allá del horizonte? Tal vez podamos mejorar así nuestros resultados, sin tener que cambiar el estilo de trading que hemos elegido.

¿Qué posibilidades adicionales tienes si revisas dos o tres referencias de tiempo en lugar de una sola? La consideración de diferentes tiempos puede representarte algunas ventajas.

Por un lado, esto te permite identificar resistencias y soportes ocultos que se encuentran en otras referencias de tiempo. Puedes mejorar tu tasa de aciertos eligiendo tus operaciones de manera aún más consciente y selectiva. Por otro lado, puedes refinar tus entradas buscando señales de entrada no solo en la referencia de tiempo en la que siempre trabajas, sino también en las que están por debajo.

Esto te da la oportunidad de anotar algunos puntos más y encontrar entradas más limpias. También puedes definir tu *stop loss* con más precisión, buscando por ejemplo niveles concretos para tu *stop loss* en otra referencia de tiempo. El segundo punto en particular puede ayudarte a avanzar en la gestión de tu dinero sin tener que cambiar tu riesgo de forma significativa.

Démosle ahora un vistazo a la primera variante. Imagínate que estás llevando a cabo un análisis completo de una posible inversión en el marco de tiempo en el que te acostumbras mover. Identificas una buena oportunidad de entrada de acuerdo con tu estrategia, y decides cuándo vas a invertir, al mismo tiempo que estableces el punto de tu *stop loss* y tu ganancia esperada. Cuando se activa la entrada, abres la operación. El mercado mantiene la dirección preferida, la posición se convierte en una ganancia, y a estas alturas todo luce como una operación exitosa. Pero de repente el impulso se frena, el mercado se mueve hacia un lado y luego viene una corrección brusca. El ganador inicial está ahora en peligro de convertirse en un perdedor.

¿Por qué está pasando esto? ¿Quizás un anuncio reciente del que no te has enterado? ¿O después de todo no hiciste tu análisis correctamente? ¿Qué otras cosas deberías haber considerado?

Es frecuente que nos suceda esto, y las razones para que se presente son muchas. Ya hemos discutido el hecho de que algo así puede ocurrir en varias ocasiones, y es precisamente por eso que hemos establecido nuestro sistema de gestión de riesgos. No obstante, podemos evitar, al menos en parte, estas situaciones. Si no nos limitamos en nuestro análisis al mismo marco temporal, sino que incluimos también los tiempos cercanos, podemos con bastante probabilidad evitar de vez en cuando un posible perdedor.

Para tener una imagen más clara, démosle un vistazo por ejemplo a INTEL CORP, en el gráfico de 15 minutos.

Figura 62: INTEL CORP, gráfico de 15 minutos (cada valor 15 minutos). Intel ha estado en una buena tendencia alcista durante un tiempo y de repente se sale de su canal solo para ir aún más alto. ¡Qué movimiento alcista! Después de hacer un nuevo máximo, el precio cayó y se movió lenta pero constantemente hacia abajo para marcar un mínimo más bajo. Fuente: www.tradingview.com

En INTEL vemos la situación tal como se ha descrito. Inicialmente el precio se abre con una sólida brecha de precios y en los primeros quince minutos se mantiene positivo. Una posible estrategia para el trader diario es una entrada después de estos primeros quince minutos, con una ruptura del máximo o mínimo de ese período. Como el precio sigue subiendo, abrimos nuestra posición a $58,76 dólares, incluyendo un colchón de seguridad de 5 centavos. Colocamos nuestro *stop loss* por debajo del mínimo del período de 15 minutos a $58,08 dólares incluyendo el mismo colchón. Si el precio cae por debajo del punto bajo, se descuidaría un resultado positivo de nuestra idea de trading y ya no existiría la probabilidad de que la tendencia alcista continúe. Con la entrada en el mercado, el trade se encuentra directamente con una buena ganancia y las acciones suben hasta un nuevo máximo. Bien. Pero de repente el impulso alcista llega a un abrupto final y el precio comienza a caer rápidamente. El incipiente movimiento descendente lleva a nuestro trade al *stop loss* después de varias horas y días, y la posición se cierra en pérdida. A medida que las cosas se van desarrollando, el precio se mueve de lado por un tiempo antes de caer más, cerrando la brecha. Un movimiento alcista ya no resulta posible, al menos no a corto plazo.

La pregunta que surge en este punto es si habríamos podido evitar este escenario. La respuesta es mixta: Sí y no. Esto porque en el gráfico de 15 minutos no había ninguna otra indicación de que el movimiento ascendente podría encontrar un obstáculo. Y aquí es donde entra en juego la posibilidad de mirar gráficos con referencia a otros tiempos. Por lo que podría ser más obvio, podríamos cambiar el análisis del gráfico de 15 minutos al gráfico diario. Tal vez allí hubiéramos podido encontrar una pista.

Demos de inmediato un vistazo al gráfico diario:

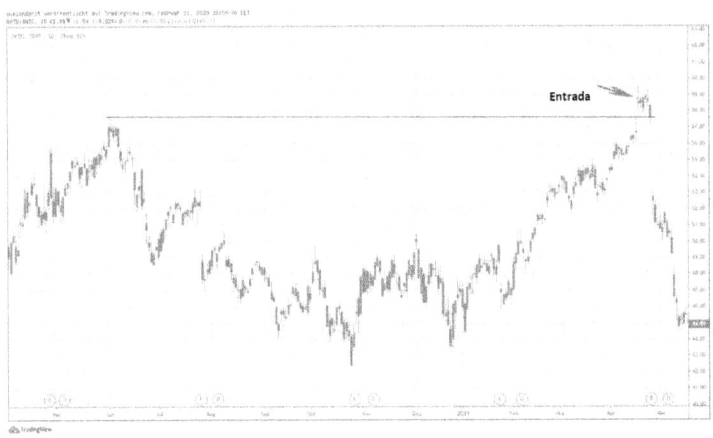

Figura 63: INTEL CORP, gráfico diario (cada valor un día). Después de una tendencia descendente, Intel se ha vuelto volátil de forma lateral durante un largo tiempo, antes de romper hacia arriba. Fuente: www.tradingview.com

No es lo que parece. Podemos ver que Intel, después de un fuerte movimiento alcista llega a la zona donde ha estado antes y donde empezaron todos los problemas. ¡Esta es una gran resistencia! El día anterior al gap o brecha de precios, que fue el día antes de que abriéramos nuestra operación, el precio representa un cierto patrón de valores en un área. Esta zona es conocida como "Doji"[30] e indica al menos la incertidumbre del mercado. Lo que está diciendo, en un área muy sensible como es una resistencia importante es algo

____

30   Se dice que hay un *Doji* cuando los precios son iguales para la apertura
      y el cierre de la sesión de negociación (N. del T.)

así como „*Espera, no estamos tan seguros del próximo movimiento.*"
Así que, esta es el área en la que intentamos abrir una operación
especulando con precios más altos.

¡Así que, ¡compramos justo en una resistencia! Y para empeorar las
cosas, compramos cerca del máximo absoluto del día. Esta resistencia
no era visible en el gráfico de 15 minutos, ya que estaba demasiado
lejos del punto de entrada en relación con el tiempo de referencia.
En el gráfico diario, sin embargo, sí se hubiera podido ver. Basándote
en esta información, ¿habrías abierto el trade con la especulación
sobre el aumento de los precios? Probablemente no. Tal vez habrías
elegido más bien la otra dirección.

La comparación de los gráficos de 15 minutos con los gráficos
diarios ya nos ha dado claridad. Para completar, demos un vistazo a
la siguiente referencia de tiempo, el gráfico semanal:

*Figura 64: INTEL CORP, gráfico semanal (cada valor una semana). Intel
está en una tendencia alcista a largo plazo interrumpida por una corrección que
terminó y ahora llega a una fuerte barrera. Fuente: www.tradingview.com*

Podemos ver que Intel está en un empinado movimiento alcista
a largo plazo, que llegó a un abrupto final. Después de una fuerte
corrección, en el gráfico semanal también puede verse el siguiente

movimiento lateral. Además, puede verse que el precio sube con gran impulso en el área del máximo anterior. En retrospectiva, ahora vemos que sería una mejor idea elegir la dirección opuesta e ir en corto en lugar de comprar. Pero también vemos que operar sin un *stop loss* es muy peligroso, pues supone el peligro de acabar perdiéndolo todo.

Podemos sacar varias conclusiones del análisis de los tres gráficos:

En primer lugar, es importante identificar los niveles de resistencia o de apoyo ocultos, para evitar que una inversión esté condenada al fracaso desde el principio. Esto significa que siempre debe aparecerte por lo menos un marco de tiempo para asegurarte de que no haya obstáculos ocultos a tu plan de trading.

En segundo lugar, podemos determinar la dirección de la tendencia básica analizando varios marcos de tiempo. Entonces podrás determinar mejor en tu análisis si estás operando con la tendencia superior o si tu operación es solo una corrección de la tendencia superior. Dependiendo de esto, tendrás por supuesto que determinar y establecer tu objetivo de ganancia.

En tercer lugar, esta forma de análisis nos ayuda a mirar más allá del horizonte. Se puede utilizar de nuevo de varias maneras.

¡Una buena oportunidad es una buena oportunidad! Por lo tanto, si ves que hay un buen trade esperándote en un plazo más corto, no hay razón para que no lo compruebes según tus criterios y lo pongas en práctica. Este método también ayuda a mejorar el tiempo de tus operaciones. Como hemos visto anteriormente, la idea de entrar en un movimiento ascendente no era fundamentalmente errónea. Pero la gestión sí lo era. Obviamente, habría sido mejor establecer un objetivo de ganancia moderada en lugar de esperar el próximo gran movimiento. Por otra parte, si inviertes y estás perdiendo, y luego te das cuenta de que las oportunidades se encuentran ahora en el otro lado, ¿por qué no ir por allí? Esto nos lleva a una visión muy importante. Siempre recuerda: Arriba o abajo... ¡Es el mercado el que te dice qué camino tomar!

Tal vez te preguntes ahora qué tiene que ver esta consideración con el riesgo y la gestión del dinero. Por supuesto, mucho. Ya hemos visto que es clave el que prestes atención a la calidad de tus inversiones. Tu objetivo debe ser mantener los elementos de la Matriz de Gestión del Dinero a un nivel constantemente alto. Esto también incluye mantener un ojo en la tasa de aciertos. Si ahora, a través de este tipo de análisis, excluyes al menos algunas de las operaciones que están condenadas al fracaso, tendrás entonces un efecto positivo inmediato en tu tasa de aciertos. Va a subir, especialmente si puedes identificar algunas oportunidades rentables, que de otra manera no habrías encontrado.

Solo por esta razón, vale la pena comparar varios marcos temporales entre sí y obtener así una visión mejor de lo que está sucediendo en el mercado. Y también podemos darle un vistazo a otro efecto positivo de esta idea.

El segundo efecto positivo que se obtiene al analizar diferentes tiempos es el refinamiento de tus entradas y/o salidas. Esto te permite buscar una entrada en un marco de tiempo más bajo después o incluso antes de que se dispare tu señal real, optimizando así el potencial de ganancia. O puedes seguir encontrando una entrada en una operación, incluso si has perdido la señal de entrada real. Para ello, utiliza la corrección en un marco temporal inferior después de la ruptura. A partir de ahí todavía puedes entrar en el mercado, incluso si no hay posibilidad de abrir una posición en tu marco de tiempo preferido.

Demos un vistazo a una situación concreta en este sentido. Queremos negociar el índice S&P 500 a largo plazo y, por lo tanto, llevar a cabo nuestro análisis en el gráfico semanal.

Figura 65: ÍNDICE S&P 500, gráfico semanal (cada valor una semana). A partir de un fuerte descenso en el punto 1, el S&P 500 se eleva tan rápido como cayó. En el área del máximo anterior, el precio retrocede y se corrige hasta el punto 3. A partir de ahí la tendencia alcista continua. Fuente: www. tradingview.com

Después de retroceder a 2.346,58 puntos en el punto 1, el S&P 500 sube continuamente hasta el punto 2, a 2.954,13 puntos, marcando un pico ligeramente más alto. El precio entonces rebota de la resistencia y cae de nuevo al punto 3, a 2.728,81 puntos. El último máximo en el punto 2 marca, en combinación con el otro máximo anterior, una fuerte resistencia. Con el gran valor verde abrazando al rojo podemos estar seguros de que continuará el movimiento de subida. Por lo tanto, queremos aprovechar esta oportunidad para entrar en el mercado e invertir. Queremos usar la ruptura del último alto en el punto 2, a 2.945,13 puntos para invertir. Nuestro *stop loss* estará por debajo del punto 3, en 2.728,81 puntos. Hasta aquí el enfoque clásico que hemos utilizado hasta ahora.

Ahora queremos bajar a una referencia de tiempo más baja, para ver si podemos entrar en el mercado un poco antes. Tal vez podamos acortar un poco la distancia entre el punto de entrada y el *stop loss*.

Figura 66: S&P 500 INDEX, gráfico diario (cada valor un día). El S&P 500 está en una tendencia alcista que es interrumpida repetidamente por tirones hacia abajo y movimientos laterales. Fuente: www.tradingview.com

El S&P 500 en el gráfico diario nos da una imagen más detallada y vemos lo que pasó en detalle en cada semana individual. Como ya hemos completado el análisis a largo plazo en el gráfico semanal, para el trabajo detallado podemos concentrarnos en el tiempo inmediato anterior a nuestro punto de entrada.

Podemos ver que el S&P 500 ha caído del punto 1, a 2.954,13 puntos, al punto 4, a 2.728,81 puntos. Ya hemos notado esto en el gráfico semanal. Allí, el punto 1 corresponde a nuestro punto 4, o el punto A en el gráfico diario. En contraste con el gráfico semanal, donde parece que el S&P 500 ha caído abruptamente sin interrupción, y solo se detuvo en el punto más bajo de 2.728,81 puntos, vemos en el gráfico diario que el descenso estuvo acompañado de una corta corrección del punto 2 al punto 3.

Para encontrar nuestro punto de entrada en el gráfico diario, podemos buscar de nuevo un punto en el que la probabilidad de una nueva subida sea mayor que la probabilidad de una nueva caída del precio. Esto es en el área del punto 3, a 2.892,15 al punto B a 2.910,61 puntos. Si el precio sube por encima de este punto, la secuencia de máximos y mínimos más bajos se ha roto, y existe la posibilidad de que continúe la tendencia alcista.

Haciendo esto podemos fijar nuestro punto de entrada sobre el punto B, en 2.910,61 puntos. Esto también nos proporciona un colchón de seguridad en caso de que el mercado trate de engañarnos. Podemos dejar el tope de pérdida en 2.728,81 puntos, como estaba previsto en el gráfico semanal, o mejor aún, ligeramente por debajo de él en 2.725 puntos, o incluso en 2.720 puntos.

Si comparamos, vemos que cambiando los marcos de tiempo podemos mover la entrada, de 2.954,13 puntos a 2.910,61 puntos. ¡Esto nos da una ventaja de 43,52 puntos!

Finalmente, nuestro análisis de los dos marcos de tiempo nos permite completar nuestro cuadro general superponiendo ambos análisis.

Figura 67: S&P 500 INDEX, gráfico semanal (cada valor una semana). Se muestran los resultados del gráfico diario y del semanal. Esto refina aún más el cuadro general. Fuente: www.tradingview.com

Si combinamos los resultados del análisis de los gráficos semanales y diarios, también podemos evaluar exactamente cómo debe hacerse la entrada en la posición del gráfico diario. Tal vez ya se hayan dado cuenta de que prácticamente hemos invertido teniendo cerca una resistencia. En el gráfico diario esto tiene una mayor relevancia que en el gráfico semanal. El gráfico semanal muestra la tendencia alcista superior y esto apoya nuestra opinión de que el movimiento alcista debe continuar. En consecuencia, también podemos clasificar la posibilidad de que la resistencia se rompa al alza. La operación estaría justificada.

Veamos más de cerca las diferentes posibilidades de gestión que ambos marcos de tiempo nos ofrecen. Utilizando el gráfico semanal, se determina que el *stop loss* está por debajo del punto 3, el punto más bajo de la corrección del precio desde donde continúa la tendencia alcista. Mirando el gráfico semanal, no hay otra opción razonable. Pero si se profundiza más mirando el gráfico diario, se encontrarán varias opciones para un *stop loss*. Una de ellas, muy ajustada, es por debajo del punto C, a 2.874,68 puntos. Por supuesto, es bastante agresiva y el riesgo de alcanzar nuestro *stop loss* es mucho más alto que en el gráfico semanal. Pero también tenemos que considerar que el tamaño de la posición con un *stop loss* tan ajustado es mucho mayor que el tamaño con un *stop loss* más amplio. Así que, de nuevo, la pregunta es qué quieres lograr en el trading y si como inversionista eres bastante agresivo o defensivo. También ten en cuenta que si decides utilizar un *stop loss* ajustado, puedes, por un lado, utilizar un tamaño de posición más alto, pero también es probable que te van a detener mucho antes en comparación con el *stop loss* más amplio.

Si miras el gráfico diario verás que, con una parada más ajustada, saldrás de la operación con una pequeña ganancia o con tu pérdida prevista, dependiendo de la gestión de la operación. Si utilizas el *stop loss* más amplio, podrás capturar el movimiento largo y más lucrativo del mercado. Pero también tendrás que pasar por varias correcciones de precios durante tu operación. Por lo tanto, una vez más, el trading profesional y exitoso es una cuestión de preferencias individuales.

Aquí también te preguntarás sobre la relevancia de nuestro tema, el riesgo y la gestión del dinero. Esto se da, por supuesto. La influencia en los elementos de la Matriz de Administración del Dinero se puede sentir inmediatamente.

Refinando tus entradas, definitivamente puedes aumentar tu relación riesgo/ganancia obtenida, porque, simplemente, si ganas vas a obtener más por el mismo riesgo. La tasa de aciertos podría bajar ligeramente, ya que si se empiezas antes siempre corres el riesgo de obtener una señal falsa Ya hemos discutido esto anteriormente. Esta desventaja es superada por la mayor relación riesgo/ganancia, por lo que este procedimiento de dos etapas es definitivamente sensato desde la perspectiva de la gestión del dinero. La frecuencia de las operaciones también podría aumentar un poco, ya que existe, por supuesto, el peligro de simplemente entrar en posiciones demasiado pronto, que entonces no activan la señal de operación real, sino que en su lugar se encuentran con una pérdida. En este caso, inviertes en una posición donde no habrías invertido en tu marco de tiempo real. En este sentido, se debe tener en cuenta el riesgo global, incluso si el riesgo por posición no aumenta.

En conjunto, una relación riesgo/ganancia obtenida, que sea significativamente más alta se compensa con una posible disminución de la tasa de aciertos y una frecuencia de operaciones posiblemente mayor, con un riesgo general más alto. Ya hemos subrayado en varias ocasiones que la relación riesgo/ganancia obtenida es para nosotros la medida de todas las cosas. Por consiguiente, esta ventaja potencial supera las posibles desventajas. Por supuesto, siempre hay que comprobar los resultados a este respecto y tomar contramedidas inmediatas si los resultados generales se deterioran.

Un breve resumen de los hechos más importantes:

> El uso de un *trailing stop* puede, si se usa correctamente, asegurar tus ganancias acumuladas.

> Una entrada paso a paso en una inversión puede asegurarte más ganancias sin aumentar su riesgo.

> Invertir aumentando tu inversión gradualmente en forma de pirámide te permite maximizar tus ganancias en una tendencia existente.

> Es necesario que haya una tendencia, si vas a decidir que siga corriendo una inversión parcial. Por otro lado, un *trailing stop* asegura las ganancias que hayas acumulado en una inversión parcial restante.

> En caso de pérdida, se reduce la pérdida total liquidando una posición parcial, lo que preserva tu valioso capital para la siguiente operación.

> El análisis a lo largo de varias referencias de tiempo abre el cuadro completo de las posibilidades, y te ayuda a identificar una resistencia o una posibilidad de inversión.

> Al utilizar varios plazos de tiempo, puedes perfeccionar tus entradas y así lograr una mayor relación riesgo/ganancia.

CAPÍTULO 7:
¡El Éxito se Puede Planificar en Pequeños Pasos Hacia la Gran Meta!

Hemos avanzado mucho en nuestras discusiones y ya has tratado ampliamente los elementos del riesgo profesional y de la administración del dinero. No solo esto, sino que también has aprendido técnicas concretas que te permiten manejar profesionalmente tus operaciones tomando en cuenta la Matriz de Gestión del Dinero. Esto te da las herramientas necesarias para lograr un éxito sostenido en los mercados financieros.

Y esto nos lleva al siguiente punto. ¡Muchos inversionistas y traders asocian el trading con el sueño del gran dinero, de la libertad financiera, y con la ilusión de convertirse en traders profesionales!

La buena noticia es que esto es posible. La mala es que se necesitan muchas condiciones para lograrlo. Adicionalmente al riesgo profesional y a la gestión del dinero, esto incluye naturalmente una estrategia rentable con un valor esperado positivo. Para desarrollar esta estrategia, se necesita un sólido conocimiento de los métodos de análisis técnico fundamental y gráfico. El panorama general se abre ante ti únicamente cuando pongas a funcionar correctamente todos los componentes de tu análisis. Esto es especialmente cierto si eliges un estilo de trading a largo plazo. Por esta razón, se recomienda encarecidamente que consultes más literatura sobre este tema.

Junto con el conocimiento de los hechos concretos, esto también incluye el conocimiento de la persona que realiza el trabajo. ¡Este eres tú! Es decir, el conocimiento de ti mismo. Hemos examinado tus requisitos personales para asegurarnos de que tu estilo de negociación, tu estrategia de negociación, y la gestión de riesgos realmente se adaptan a ti y te sientes cómodo en tu „piel de trader". Únicamente entonces puedes realmente tener éxito. También te recomiendo de nuevo que consultes más literatura sobre este tema.

Además de todo el conocimiento sobre el trading, los mercados y sobre ti mismo, me gustaría mirar más de cerca otros dos puntos: tu disciplina operativa y tu capital comprometido.

Ya hemos discutido tu capital disponible en detalle y que el objetivo de la gestión profesional del riesgo y del dinero no es apenas protegerlo, sino también aumentarlo. Trataremos este punto con más detalle más adelante en este capítulo.

La disciplina operativa es otra cuestión. Eso también se ha escuchado una y otra vez. La disciplina viene de dentro y solo se puede mantener en forma permanente si enfocas tus inversiones con motivación y concentración, comenzando nuevamente cada día. Es precisamente por eso que es importante para ti tratar concienzudamente con el riesgo y la gestión del dinero. La gestión profesional te proporcionará la base mental para llevar a cabo tus operaciones de manera motivada y disciplinada día tras día.

¿Cómo se puede hacer esto? ¿Hasta qué punto la gestión del riesgo y del dinero te ayudan a mantener la motivación y la disciplina? Hasta el punto de evitar pérdidas desproporcionadas mediante la gestión del riesgo. A permanecer mentalmente capaz de actuar, incluso si has tenido que aceptar una serie de pérdidas. En este sentido, la gestión estricta del riesgo te ayuda a mantener la calma y a actuar con objetividad cuando el mercado vaya en contra tuya. Estrictamente hablando, tus emociones más humanas en el trading están obstaculizando o incluso siendo perjudiciales para tu éxito al llevar a cabo tus inversiones, porque ni el miedo ni la codicia deben determinar tus decisiones de inversión.

El riesgo profesional y la administración del dinero te protegen de estas emociones. Si se ejecuta correctamente, sabes todo antes de abrir tu posición, antes de invertir. Sabes cuánto puedes perder. También sabes cuánto puedes ganar. Estás seguro de ello, no importa la dirección que tome el mercado después de que tu operación se abra. Ya sabes cuál será el resultado para ti en circunstancias normales, tanto en el sentido positivo como en el negativo. Esta es la seguridad que necesitas para poder tomar decisiones racionales. Lo único que puedes hacer después de abrir tu posición es administrar profesionalmente tu operación.

A lo largo del libro hemos hablado de perder una y otra vez, y con toda razón. Después de todo, la pérdida forma tanta parte de las inversiones como los costos forman parte de las ventas. Por supuesto, todo el mundo quiere mantener sus costos tan bajos como sea posible para aumentar sus ganancias. Sin embargo, generalmente no es posible evitarlos. Los costos o pérdidas son una parte integral de una estrategia de trading. Este es también un punto importante que debes internalizar.

Tal vez el siguiente enfoque también te ayude a lidiar con las pérdidas:

En el capítulo anterior mencionamos el valor esperado. Un valor esperado positivo significa que, en promedio, tus operaciones generan una cierta ganancia. Esto significa que, en promedio, se puede esperar una ganancia de tus operaciones. O en otras palabras: ¡Cada operación te acerca un paso más a tu ganancia! ¡También puedes usar esta actitud en muchas otras áreas de tu vida!

En general, podemos decir que cada fracaso que superas te acerca un paso más al éxito que deseas.

Una vez más, el resultado de una sola inversión no es decisiva; ¡siempre depende de la cantidad total!

Y queremos aumentar continuamente la cantidad total a través de la correcta administración del dinero. También hemos discutido esto suficientemente y ya conoces una serie de elementos con los que puedes trabajar aquí. Vamos a profundizar un poco más en este punto.

¿Cómo puedes aumentar tu base de capital? ¿Cómo puedes aprovechar los mecanismos discutidos para aumentar tu cuenta de trading?

En el curso del cálculo del tamaño de la posición, hemos determinado que el enfoque porcentual de la cuenta de trading es el más apropiado para nuestros propósitos. Al fijar porcentajes con relación a tu cuenta de trading, mantienes la cantidad absoluta variable. Por ejemplo, si siempre arriesgas el 1% de tu cuenta. En este contexto, también hemos dejado claro que este enfoque actúa como un freno y un acelerador en tu cuenta. Si tu cuenta aumenta porque se encuentra en un período de repetidas victorias, entonces el riesgo absoluto asumido aumenta con cada nueva operación. Esto es simplemente porque tu cuenta de trading crecerá en tamaño, e irá entonces aumentando la base a la que se aplica la regla del 1%. ¡Lo que estás haciendo es encendiendo el turbo!

El mismo efecto, por supuesto, funciona también al revés. Tan pronto como se produce una fase con pérdidas, con cada nueva inversión el porcentaje fijado frena el descenso financiero. La cantidad absoluta en riesgo disminuye de una posición a otra, hasta que se produce una inversión de tendencia y se vuelven a obtener ganancias.

Esta consideración por sí sola merece ser subrayada en verde. Sin embargo, se vuelve realmente interesante si en este contexto se aplican las leyes de las matemáticas. ¡Porque puedes usar este efecto de freno y acelerador para construir y expandir consistentemente tu cuenta de trading!

Para poder ejercer realmente la profesión de trader profesional, se necesita una cierta base financiera. Basándose en los ejemplos de las cuentas de Anna, Rick y Peter, ya habrás notado que ninguna de las tres cuentas por sí sola es adecuada para asegurarte un ingreso permanente a través del trading.

En este contexto, podemos examinar cuántos ingresos son posibles en los distintos tamaños de cuenta, y qué tamaño de cuenta puede llevar a qué resultados.

Retorno por unidad de tiempo	10%	20%	30%	40%	50%
Tamaño de la cuenta	Retorno	Retorno	Retorno	Retorno	Retorno
$5.000	$500	$1.000	$1.500	$2.000	$2.500
$15.000	$1.500	$3.000	$4.500	$6.000	$7.500
$25.000	$2.500	$5.000	$7.500	$10.000	$12.500
$50.000	$5.000	$10.000	$15.000	$20.000	$25.000
$100.000	$10.000	$20.000	$30.000	$40.000	$50.000

Figura 68: La tabla de retornos.

Como puede ver, los cinco tamaños de cuenta anteriores necesitan ya una operación muy profesional y con resultados positivos duraderos para asegurar una vida como trader profesional. Por supuesto, sabes mejor que nadie cuánto puedes ganar por unidad de tiempo. Y es diferente, por supuesto, si obtienes un 10% de retorno diario, semanal, por mes o por año. Incluso si logras el 10% de retorno, es decir, como ganancia anual a través de tu trading, eso es más que respetable. Sin embargo, no lograrás libertad financiera de una posición permanente con los tamaños de cuenta mencionados anteriormente.

Todo se vuelve aún peor cuando se tienen en cuenta los impuestos que hay que pagar. Entonces el resultado se reduce. Para que la observación sea simple y verdadera para cualquiera, nos abstendremos de esta representación. Sin embargo, en tus propios cálculos puedes incluir fácilmente los efectos de los impuestos en los resultados de tus operaciones.

Tal vez ahora dirás: „¿Diez por ciento? Lo hago todas las semanas". Entonces, por favor, también ten en cuenta que los mercados tienen fases en las que hay una alta volatilidad y luego de nuevo tienen fases en las que hay baja volatilidad. ¿De qué quieres vivir durante estas fases débiles? ¡No te pongas bajo presión y no operes bajo coacción! Esto tendrá un impacto directo en tus resultados, que será negativo. Esto a su vez reduce tu base financiera y te pone bajo más presión aún.

Tal vez los tamaños de las cuentas anteriores no sean directamente adecuados para llevar una vida cómoda como trader. Sin embargo, todos son un buen punto para empezar a aumentar el tamaño de tu cuenta.

En este contexto, simplemente imagínate que generas un retorno de 10% a largo plazo, año tras año. Continúas ejerciendo tu profesión normal y dejas las ganancias obtenidas en tu cuenta de trading. ¿Cómo cree que se desarrollará tu cuenta?

Echemos un vistazo a cómo se desarrollará tu cuenta si empiezas con un capital de $10.000 dólares. ¿Qué resultados podrías lograr?

Unidad de tiempo	Capital inicial	Retorno	Capital al final de la unidad de tiempo
1	$10.000,00	$1.000,00	$11.000,00
2	$11.000,00	$1.100,00	$12.100,00
3	$12.100,00	$1.210,00	$13.310,00
4	$13.310,00	$1.331,00	$14.641,00
5	$14.641,00	$1.464,10	$16.105,10
6	$16.105,10	$1.610,51	$17.715,61
7	$17.715,61	$1.771,56	$19.487,17
8	$19.487,17	$1.948,72	$21.435,89
9	$21.435,89	$2.143,59	$23.579,48
10	$23.579,48	$2.357,95	$25.937,42
11	$25.937,42	$2.593,74	$28.531,17
12	$28.531,17	$2.853,12	$31.384,28
13	$31.384,28	$3.138,43	$34.522,71
14	$34.522,71	$3.452,27	$37.974,98
15	$37.974,98	$3.797,50	$41.772,48
16	$41.772,48	$4.177,25	$45.949,73
17	$45.949,73	$4.594,97	$50.544,70
18	$50.544,70	$5.054,47	$55.599,17
19	$55.599,17	$5.559,92	$61.159,09
20	$61.159,09	$6.115,91	$67.275,00
21	$67.275,00	$6.727,50	$74.002,50
22	$74.002,50	$7.400,25	$81.402,75
23	$81.402,75	$8.140,27	$89.543,02
24	$89.543,02	$8.954,30	$98.497,33
25	$98.497,33	$9.849,73	$108.347,06
26	$108.347,06	$10.834,71	$119.181,77
27	$119.181,77	$11.918,18	$131.099,94
28	$131.099,94	$13.109,99	$144.209,94
29	$144.209,94	$14.420,99	$158.630,93
30	$158.630,93	$15.863,09	$174.494,02

Figura 69: Una cuenta de trading que comienza con $10.000 dólares y genera un 10% de retorno año tras año puede crecer hasta más de $174.000 dólares, antes de impuestos, al cabo de 30 años.

Si ganas un 10% cada año con tus inversiones, puedes construir tu cuenta de hasta más de $174.000 en 30 años. Eso se ve muy bien. Y con este resultado ya superarás por mucho las inversiones de capital habituales. Pero tal vez alcances el 10% por trimestre. ¿O por mes?

¿Cómo se ve el resultado si se genera un retorno de 25% año tras año?

Unidad de tiempo	Capital inicial	Retorno	Capital al final de la unidad de tiempo
1	$10.000,00	$2.500,00	$12.500,00
2	$12.500,00	$3.125,00	$15.625,00
3	$15.625,00	$3.906,25	$19.531,25
4	$19.531,25	$4.882,81	$24.414,06
5	$24.414,06	$6.103,52	$30.517,58
6	$30.517,58	$7.629,39	$38.146,97
7	$38.146,97	$9.536,74	$47.683,72
8	$47.683,72	$11.920,93	$59.604,64
9	$59.604,64	$14.901,16	$74.505,81
10	$74.505,81	$18.626,45	$93.132,26
11	$93.132,26	$23.283,06	$116.415,32
12	$116.415,32	$29.103,83	$145.519,15
13	$145.519,15	$36.379,79	$181.898,94
14	$181.898,94	$45.474,74	$227.373,68
15	$227.373,68	$56.843,42	$284.217,09
16	$284.217,09	$71.054,27	$355.271,37
17	$355.271,37	$88.817,84	$444.089,21
18	$444.089,21	$111.022,30	$555.111,51
19	$555.111,51	$138.777,88	$693.889,39
20	$693.889,39	$173.472,35	$867.361,74
21	$867.361,74	$216.840,43	$1.084.202,17
22	$1.084.202,17	$271.050,54	$1.355.252,72
23	$1.355.252,72	$338.813,18	$1.694.065,89
24	$1.694.065,89	$423.516,47	$2.117.582,37
25	$2.117.582,37	$529.395,59	$2.646.977,96
26	$2.646.977,96	$661.744,49	$3.308.722,45
27	$3.308.722,45	$827.180,61	$4.135.903,06
28	$4.135.903,06	$1.033.975,77	$5.169.878,83
29	$5.169.878,83	$1.292.469,71	$6.462.348,54
30	$6.462.348,54	$1.615.587,13	$8.077.935,67

Figura 70: Una cuenta de trading que comienza con $10.000 dólares y genera un retorno del 25% año tras año puede crecer hasta más de $8 millones de dólares, antes de impuestos, al cabo de 30 años.

¿Qué significa eso para ti? Por supuesto, este resultado no es evidente. Aunque ya hemos demostrado varias veces que un resultado del 25% es bastante posible si optimizas los elementos de la Matriz de Gestión del Dinero y prestas atención a la calidad de sus operaciones. Una acción bien pensada e inteligente es la clave del éxito.

El prerrequisito básico es siempre, por supuesto, una estrategia apropiada y rentable. Hemos mencionado esto una y otra vez. Pero al final, el factor más importante es que eres tú quien está llevando a cabo las inversiones. Depende de ti generar esa cantidad. Esto también significa ser capaz de hacerle frente al creciente riesgo absoluto. Por ejemplo: Si siempre tomas un riesgo del 1% de tu cuenta, con una cuenta de trading de $10.000 dólares esto son unos manejables $100 dólares. Pero si tu cuenta crece y llega a 100.000 dólares, estamos hablando de manejar $1.000 dólares de riesgo absoluto. Si ha alcanzado un tamaño de cuenta de $500.000 dólares, esto es un riesgo de $5.000 dólares por operación. En términos de porcentaje, todavía tenemos un 1% de riesgo aquí. Sin embargo, el nivel de referencia ha aumentado significativamente. Debes ser capaz de manejar esto. Debido a que el logro de los valores descritos anteriormente solo puede garantizarse si te adhieres estricta y disciplinadamente al plan. Tan pronto como te desvíes de tu plan, arriesgas tu resultado general.

¿Por qué estamos trabajando tanto con estas cifras? Para darte una idea de cuánto se puede ganar con una cantidad de dinero manejable, si se sigue una estrategia disciplinada y se presta atención a la calidad de las inversiones. Si consideras en este contexto los mecanismos de la Matriz de Gestión del Dinero y optimizas los elementos de acuerdo con tus requerimientos, entonces estarás bien encaminado a lograr tu objetivo. Porque las matemáticas financieras harán el resto por ti:

„El interés compuesto es la octava maravilla del mundo.“ - Mayer Amschel Rothschild

Gestión del riesgo y del dinero

Un breve resumen de los hechos más relevantes:

> En el manejo de tus inversiones, el estudio del riesgo profesional y de la administración del dinero te pueden proteger de las emociones dañinas.

> Al fijar el riesgo a correr en forma de un porcentaje, estás colocando al mismo tiempo un freno y un acelerador a tu cuenta. En las épocas buenas te ayuda a acelerar, en las épocas difíciles te sirve de freno automático.

> El efecto del interés compuesto puede hacer que incluso las pequeñas cuentas de trading crezcan hasta alcanzar sumas considerables. ¡Ten esto siempre muy en cuenta!

Palabras Finales

¡Querido lector! Hemos llegado al final de nuestras consideraciones y espero que hayas podido tomar algunas sugerencias de este libro para tu práctica comercial personal.

Hemos discutido muchos puntos acerca de la vida en general y en particular de tu forma de abordar los mercados financieros. Al mirar los mercados, hemos encontrado que el manejo del riesgo no es tan mala idea si quieres participar activamente en el trading del mañana. Y ese es exactamente mi deseo para ti. Pon en práctica lo que has leído y aprendido y trabaja intensamente en ello. Protege tu preciosa base financiera y constrúyela continuamente, pieza por pieza, hasta que hayas alcanzado tu objetivo comercial personal en el trading. Utiliza y optimiza los elementos de la Matriz de Gestión del Dinero y busca constantemente la mejora de tus componentes individuales.

Mi propósito en este libro es mostrarles que el trading no es brujería. No tienes que abrir un número excesivo de operaciones o implementar estrategias particularmente exóticas para lograr un resultado respetable. Tampoco tienes que tomar un riesgo desproporcionado.

Recuerda siempre: Si tomas un riesgo en cada inversión del 1% y llevas a cabo 100 operaciones con un porcentaje de aciertos del 50% y una relación riesgo/ganancia obtenida de 1,5, entonces ¡tendrás un 25% de crecimiento de tu capital! Y has visto en el capítulo anterior hasta donde te puede llevar un retorno del 25% si lo logras de manera constante y regular. Para lograr este objetivo, a partir de ahora solo puede haber un principio para ti: ¡Calidad antes que cantidad!

Lo que necesitas es una sólida estrategia de trading, conocimiento de tus propias preferencias operativas, desafíos, y disciplina. Estoy muy contento de apoyarte para construir, desarrollar y mantener estos y otros puntos.

Siéntete libre de acercarte a mí sobre esto. Siempre me voy a alegrar de recibir tus preguntas, sugerencias y comentarios. Pueden contactarme a través de la página web de la Escuela de Traders Torero o en get-ready@torero-traders-school.com. También pueden encontrarme en Facebook y en otras redes sociales. Así que, ¡pongámonos en contacto!

¡En este sentido siempre les deseo a todos buenos trades y mucho éxito en el camino hacia sus objetivos personal en el trading!

Atentamente,

Wieland Arlt

Sobre el autor

„Wieland Arlt es uno de los traders más exitosos de Alemania, un conferenciante muy solicitado y autor de artículos y libros especializados". - Börse Online

---

Wieland Arlt es un Técnico Financiero Certificado (CFTe®), entrenador y preparador. Como trader profesional ha estado tratando el tema de la inversión y el trading durante muchos años.

Es un autor de best-sellers y también ha escrito numerosos artículos sobre trading. Es miembro de la junta directiva de la „Unión de Analistas Técnicos de Alemania" y también es un conferenciante muy solicitado en ferias y conferencias de dinero.

Como trader, coach y entrenador, es fundamental para él capacitar a cada trader con enfoques operativos que sean fáciles de entender y, por lo tanto, también fáciles de implementar. En sus clases de trading es especialmente importante la consideración de los requisitos individuales de cada trader.

Su objetivo declarado es apoyar a los traders para que alcancen sus objetivos financieros de manera autodeterminada y para que operen a largo plazo con éxito en los mercados financieros.

Acerca de la Escuela de Traders Torero

La Escuela de Traders Torero tiene como objetivo mostrarle a los traders e inversionistas los caminos para alcanzar sus metas financieras, y apoyarlos en el cumplimiento de sus metas. Por lo tanto, la Escuela de Traders Torero se ve a sí misma como socio y mentor.

Con este fin, la Escuela de Traders Torero ofrece a las personas interesadas una educación y entrenamiento integrales, que se implementan en forma de cursos de video y seminarios en línea, así como en entrenamientos personales.

Los programas de formación de la Escuela de Traders Torero tienen como objetivo impartir los conocimientos necesarios de manera que cada participante pueda definir su propio enfoque de trading. Como resultado, los inversionistas obtienen el conocimiento y las habilidades para tomar su futuro financiero en sus manos y tomar decisiones independientes de inversión.

www.torero-traders-school.com

www.ingramcontent.com/pod-product-compliance
Lightning Source LLC
LaVergne TN
LVHW011006200726
843509LV00011B/1019